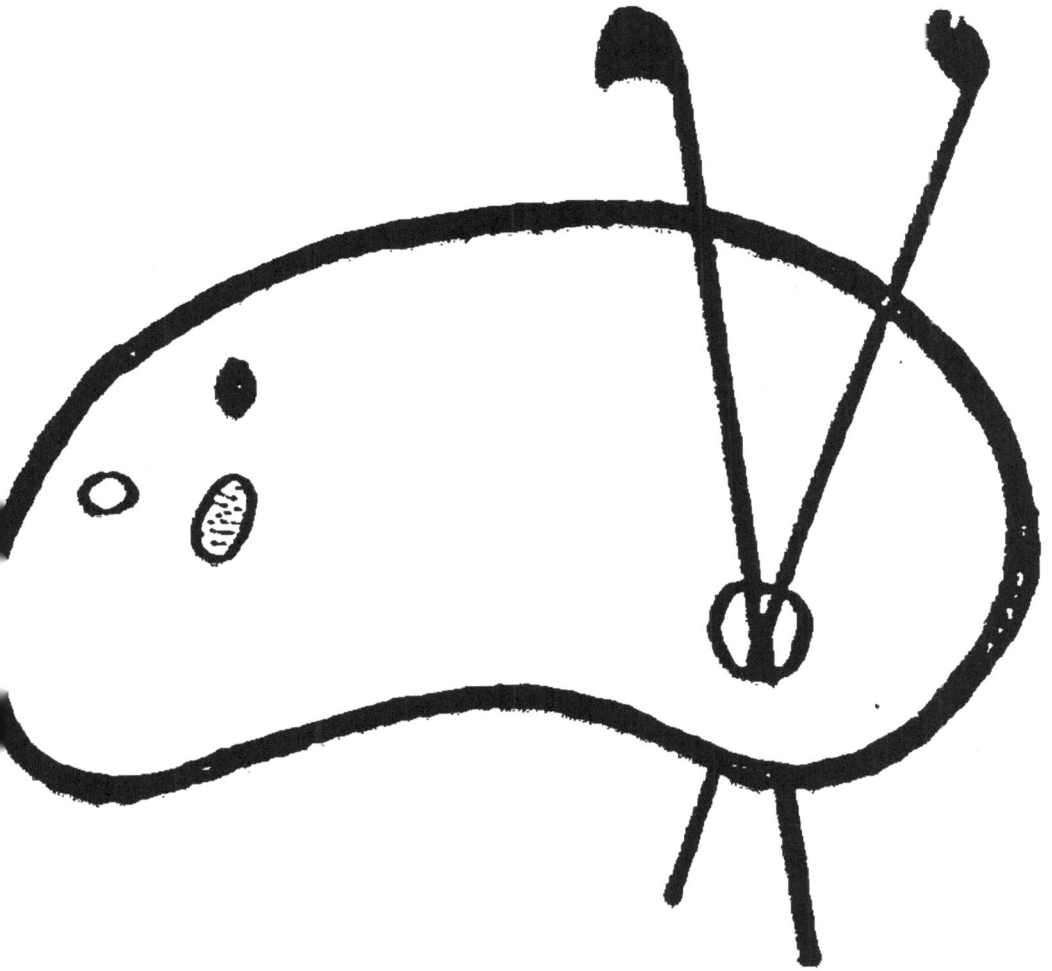

DEBUT D'UNE SERIE DE DOCUMENTS
EN COULEUR

C. BARRIÈRE-FLAVY

DÉNOMBREMENT

DU

COMTÉ DE FOIX

SOUS LOUIS XIV

(1670-1674)

ÉTUDE SUR L'ORGANISATION DE CETTE PROVINCE

SUIVIE

DU TEXTE DU DÉNOMBREMENT

TOULOUSE

IMPRIMERIE A. CHAUVIN ET FILS

28, RUE DES SALENQUES, 28

1889

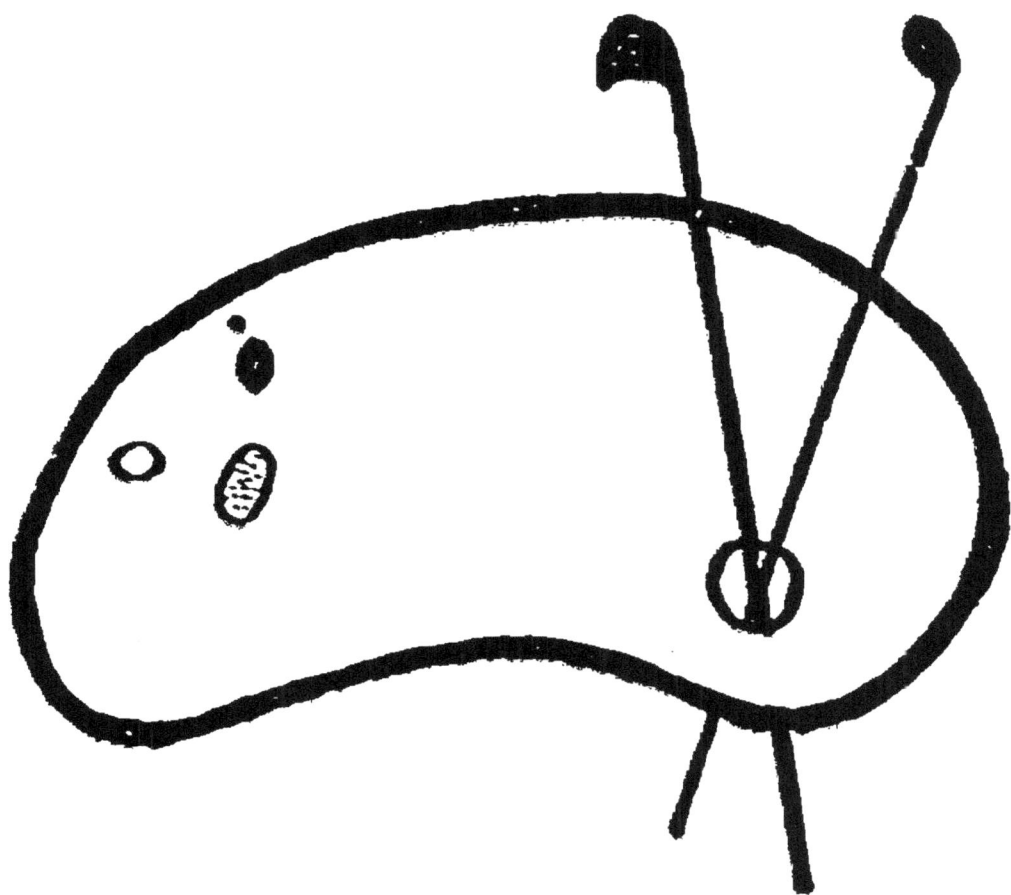

FIN D'UNE SERIE DE DOCUMENTS
EN COULEUR

DÉNOMBREMENT

DU

COMTÉ DE FOIX

(1670-1674)

TOULOUSE. — IMP. A. CHAUVIN ET FILS, RUE DES SALENQUES, 28.

C. BARRIÈRE-FLAVY

DÉNOMBREMENT

DU

COMTÉ DE FOIX

SOUS LOUIS XIV

(1670-1674)

ÉTUDE SUR L'ORGANISATION DE CETTE PROVINCE

SUIVIE

DU TEXTE DU DÉNOMBREMENT

TOULOUSE

IMPRIMERIE A. CHAUVIN ET FILS

28, RUE DES SALENQUES, 28

1889

INTRODUCTION

LE DÉNOMBREMENT. — Deux registres déposés aux archives de l'Ariège [série E] renferment le dénombrement que nous publions (1). L'un provient des anciennes archives de la généralité de Montauban dont dépendait le pays de Foix : c'est un petit in-folio de 210 feuillets, portant à chaque déclaration les signatures des consuls et conseillers délégués par la communauté et la contresignature de Darassus. Le second, petit in-folio de 222 feuillets, est une copie prise sur les originaux. Chaque déclaration est suivie de la formule : Extrait tiré sur son original par nous, greffier de la commission, en présence de Mᵉ François Carbon, procureur du roi du domaine, et retiré par Mᵉ Pierre Darassus, commissaire, en présence de témoins habitants de Pamiers. Ce registre émane des archives de la sénéchaussée de Pamiers.

Les dénombrements des communautés de la Province ne portent pas tous la même date et sont compris de l'année 1670 à l'année 1674. Aucun ordre n'a été suivi pour leur rédaction; si des localités telles que Miglos, Rabat et autres ne figurent pas dans le recueil, c'est qu'elles étaient possédées par des seigneurs particuliers et ne relevaient pas du roi; les dénombrements de ces seigneuries donnaient lieu à des formalités spéciales (2).

---

(1) On entend par dénombrement en matière féodale (Renauldon. *Diction. des fiefs*), une description exacte et *par le menu* de tout ce qui compose le fief servant, tant en domaines qu'en arrière-fiefs et censives, rentes, servitudes, droits utiles et honorifiques, prééminences et prérogatives.

(2) Il manque, dans le dénombrement de 1672, Ax et Mazères. Ax n'a pas été inséré dans le registre, parce que la déclaration faite par les consuls n'est pas conforme à celle des autres communautés. Les délégués de la ville

Nous avons adopté, pour la publication du texte, l'ordre alphabétique; et, pour en rendre la lecture moins fastidieuse, nous avons supprimé les interrogations et les formules qui se répètent à tout propos; les réponses ont été conservées et rendues intégralement.

Selon la méthode généralement suivie aujourd'hui, notamment par le ministère des affaires étrangères (1), nous avons corrigé l'orthographe et la ponctuation du document, tout en respectant le style du rédacteur. Enfin nous avons recherché très exactement la situation des lieux dits qui se trouvent mentionnés dans ces actes, nous attachant à identifier autant que possible les noms de lieux actuels avec les noms de lieux anciens.

Ce dénombrement fut dressé en vertu de lettres patentes, données à Saint-Germain-en-Laye, le 16 février 1667, portant que le roi, ruiné par ses longues guerres, se voyait forcé d'aliéner son domaine (2), et que, en présence des usurpations nombreuses qui s'étaient produites, il désignait un certain nombre de commissaires pour recevoir les reconnaissances, aveux et dénombrements. Pour la généralité de Montauban, il y avait MM. de Feydeau et de Sève qui subdéléguèrent MM^{rs} Pierre Darassus, avocat en parlement, et Jean Bastard, conseiller du roi et son procureur en la judicature royale de la ville de Fleurance.

Les députés envoyés par les communautés pour répondre aux questions que devait leur poser le commissaire chargé de procéder au dénombrement de la province de Foix, étaient tantôt un des consuls de la commune, tantôt

<hr />

d'Ax avaient d'abord refusé de comparaître devant les commissaires; ce ne fut que sur de nouveaux ordres qu'ils se décidèrent à faire leur dénombrement (Voy. *Coutumes de la ville d'Ax.* — M. F. Pasquier, archiviste de l'Ariège).

(1) Pourquoi ne pas appliquer, en effet, ce système logique à la publication des textes administratifs, alors que l'on édite les œuvres des classiques, tels que Bossuet, etc., avec notre orthographe ?

(2) Si c'est en vue de préparer l'aliénation du domaine que ce dénombrement fut ordonné, il faut reconnaître qu'on apporta quelque lenteur à l'exécution de ce projet; car ce ne fut que vers 1710, à la fin du règne de Louis XIV, que des domaines furent engagés, le Donezan, par exemple.

un membre du conseil politique ou même un notable de la localité, tantôt un marguillier dans les simples paroisses; quelquefois enfin, plusieurs habitants d'un lieu se présentaient d'eux-mêmes au jour indiqué devant le commissaire.

Les déclarations des députés nous font connaître des particularités vraiment curieuses sur la situation des communautés et l'organisation de la justice. Ici, c'est un véritable inventaire des privilèges et libertés dont jouissaient les consuls et les communautés; là, les députés font entendre leurs doléances au sujet des charges énormes dont les communautés étaient accablées à cette époque, telles que Saverdun qui se voyait obligé *d'engager ses biens pour obtenir quelque soulagement aux impositions ordinaires*, et Saint-Ybars qui avait été surchargé de dix feux (1) par les Etats de la Province; parfois enfin, c'est le tableau sombre et fidèle de la misère affreuse qui régnait dans les campagnes durant la seconde période du gouvernement de Louis XIV.

Les consuls ou notables des communautés, après avoir prêté serment sur l'Evangile, devaient répondre à un certain nombre de questions invariablement les mêmes pour chaque localité et qu'il est utile d'énoncer. On leur demandait : Si la communauté était chef de comté, vicomté, baronnie ou châtellenie; — quelle en était l'étendue, quelles étaient les bornes et les limites; — si le roi était seul seigneur ou en paréage (2), s'il y avait d'autres seigneurs; — en quel nom était exercé la justice et par qui; — quel était le nombre des consuls, s'ils étaient chaperonnés; — qui les créait et recevait leur serment, s'ils avaient quelque justice; — s'ils exerçaient la police; — qui nommait le secrétaire des consuls; — s'il y avait sceau et greffe et à qui ils appartenaient; — s'il y avait baile ou viguier pour exécuter les actes de justice; — quel droit prenait le roi sur la baille; — s'il y avait des prisons; — qui prenait les droits de lods et ventes, les

(1) Voir pour le mot *feu* à la page XXII.
(2) Voir de même, pour l'explication du paréage, la note 1, page XV.

censives et oublies ; — si l'on payait les droits d'acapte et d'arrière-capte, d'exorque et d'intestorie, et en quoi ils consistaient ; — comment se payait le fouage ; — quels étaient les poids et mesures et quels droits on percevait sur eux ; — à qui appartenait la confiscation en cas de crime ; — de combien était l'amende pour l'épanchement du sang ; — s'il y avait maison de ville, châteaux ou maisons appartenant au roi ; — à qui incombait la garde du lieu ; — s'il y avait des portes et des portiers ; — s'il y avait des forêts et à qui elles appartenaient ; — s'il y avait des pâturages ; — s'il y avait fours, forges et moulins banaux ; — s'il y avait droits de leude, péage et pontanage ; — s'il y avait un droit d'aide sur les boucheries ; — s'il y avait des biens de mainmorte et des gentils-hommes hommagers ; — s'il y avait foires et marchés ; — s'il y avait des communaux ; — s'il y avait des émoluments et des privilèges en faveur de la communauté ; — à qui appartenait le droit sur les encans et les publications ; — si les consuls avaient le droit d'empêcher l'entrée du vin récolté hors de la juridiction ; — enfin si les députés n'avaient pas d'autres déclarations à faire.

OBJET DE L'OUVRAGE. — Le caractère des divers dénombrements de cette Province est surtout fiscal et administratif (1) ; celui de 1672 offre l'exposé exact de la vieille organisation du comté de Foix, de cet ensemble de libertés et de privilèges que les communes avaient mis des siècles à conquérir. En un mot, c'est l'inventaire de l'ancien régime des libertés locales.

Si l'on se reporte à l'époque même où cet acte a été dressé, c'est-à-dire dans la seconde moitié du dix-septième siècle, on comprendra aussitôt l'intérêt tout particulier qu'il doit présenter. Nous sommes, en effet, à la veille de deux grands faits de la politique intérieure de Louis XIV, dont l'un va apporter des modifications profondes, même un bouleversement complet dans l'ancienne

---

(1) Voy. Dénombrement de 1765 publié par M. l'abbé Duclos (*Histoire des Ariégeois*, t. VII, p. 117 et suiv.) qui est plutôt un relevé statistique qu'un dénombrement.

administration communale : la révocation de l'édit de
Nantes et l'édit d'août 1692, érigeant en offices, les magistratures électives.

Les tentatives faites par les rois de France pendant les
siècles précédents, notamment par Philippe-le-Bel et
Louis XI, pour arriver à une unité politique et adminis-
trative ne pouvaient donner de résultats définitifs, entra-
vées sans cesse par les résistances des communes au nom
de leurs privilèges, et par l'opposition des nombreux et
puissants seigneurs du royaume. Le vice de l'organisation féodale résidait précisément dans cette variété considérable, dans cette divergence des institutions et des
lois, que Charlemagne avait déjà compris au commencement du neuvième siècle, lorsqu'il formait le dessein de
soumettre à une unité désirable les diverses lois qui ré-
gissaient son peuple (1). Les rois prédécesseurs de
Louis XIV se gardèrent bien de toucher aux libertés de
ces communes qui les avaient si puissamment aidés dans
leur lutte contre la féodalité. Henri II, montant sur le
trône, reconnaissait (2) formellement le droit municipal
des cités et défendait à ses propres officiers de justice,
à ses avocats et ses procureurs de briguer les charges de
prévôts, maires, échevins, par voie d'élection *ou autrement*, sous peine d'amendes considérables. Si la cité avait
violé les lois qui la protégeaient, le roi la punissait et
nommait lui-même le maire. Le dernier prince de la maison de Valois, Henri III, ce roi le moins propre à domi-
ner la situation effrayante que lui avait laissée son frère,
entendait néanmoins que les élections des magistrats
municipaux se fissent librement, et il ordonnait que ceux
qui étaient entrés en charge par une autre voie en fussent évincés et que leur nom fut rayé des registres (3).

(1) « Cum adverteret multa legibus populi sui deesse (nam Franci duas
habent leges, plurimis in locis valde diversas) cogitavit quæ deerant ad-
dere, et discrepantia unire, prava quoque ac perperam prolata corrigere... »
(Eginhard, *Vita Caroli magni.*)

(2) Ordonnance de 1547. Isambert, *Recueil des ordonnances et édits des
rois de France.*

(3) Ordonnance de Blois, 1576. Isambert, *Recueil des ordonnances et édits
des rois de France.*

Henri IV et Louis XIII avaient juré de respecter et de maintenir les libertés municipales et ils furent fidèles à leur serment. Le grand ministre de Louis XIII qui, pour frapper les derniers vestiges encore puissants et redoutables de la féodalité, ordonnait la destruction des places fortes et n'hésitait pas à faire tomber les têtes des Châlais, des Cinq-Mars, des Montmorency, Richelieu même n'essaya point de s'attaquer aux franchises communales. Cela ne lui paraissait ni nécessaire, ni utile pour compléter son œuvre de centralisation et mettre l'autorité du roi au-dessus de tout obstacle.

« Louis XIV, » dit M. Raynouard (1), « maintint le régime municipal aussi longtemps que les subsides de la France purent suffire aux frais de sa gloire militaire. La première loi relative aux maires ne fut dictée ni par un esprit d'amélioration du système administratif, ni même par le désir d'ajouter des forces nouvelles à l'omnipotence royale. Des ministres qui offensaient en même temps la gloire du prince et les droits des sujets, cherchèrent dans la vénalité des charges municipales une ressource financière. »

L'assertion de M. Raynouard est peut-être un peu risquée; et le besoin de créer des ressources fut plutôt le prétexte que la cause de la réforme municipale. Il est certain que les embarras financiers causés en grande partie par les longues guerres du grand roi contribuèrent grandement à la rédaction de l'édit de 1692; mais il n'est pas moins certain que cet acte fut fait aussi en vue d'augmenter encore le pouvoir absolu en donnant au monarque la haute main sur l'organisation municipale.

Certes, on pouvait se procurer de l'argent par d'autres moyens; mais on écartait d'un même coup toute résistance de la part des communes aux prodigalités de Louis XIV, et on permettait à l'Etat, par cet accroissement d'autorité, de puiser à pleines mains dans les ressources locales. Si nous en croyons les termes mêmes employés dans le préambule de cet édit, il ne faut pas

(1) Raynouard, *Hist. du droit municipal*, t. II, p. 355.

aller, comme le fait M. Raynouard, jusqu'à écarter de la pensée de son auteur toute idée d'amélioration du système administratif. Le roi s'était ému des abus qui se commettaient journellement dans les élections municipales et des graves inconvénients qui résultaient pour la bonne administration des affaires communes, des cabales et des intrigues qui avaient souvent la plus large part à la nomination des magistrats. Il voulait que les nouveaux officiers municipaux qu'il créerait, n'étant point redevables de leur emploi aux suffrages des particuliers, exerçassent leurs fonctions sans passion et avec toute la liberté nécessaire pour conserver l'égalité dans la distribution des charges publiques. Etant perpétuels, ils lui paraissaient en état d'acquérir une connaissance parfaite des affaires de leur communauté et de se rendre capables, par une longue expérience, de satisfaire à toutes les obligations attachées à leur ministère (1).

Pour remédier à cet état de choses, Louis XIV va donc enlever les libertés communales si péniblement conquises quelques siècles auparavant et si fièrement conservées durant le moyen âge, pour ériger en offices les magistratures électives, qui seront vendues par le gouvernement le plus cher possible, et feront dans la suite l'objet du plus scandaleux commerce selon les besoins de la royauté (2). Afin d'éviter que leurs franchises municipales ne fussent altérées par une intrusion qui violait leurs droits les plus sacrés, les communes consentaient presque partout à racheter leur liberté; ce n'était plus en somme, qu'un impôt déguisé. Il y avait des abus; pour les réformer, on ne trouva rien de mieux que de supprimer l'institution.

Certes, c'est bien la plus grave atteinte qui puisse être portée aux franchises communales, que la confiscation de ce qui était leur essence même, c'est-à-dire le privilège

(1) Préambule de l'édit de 1692. — Voy. Isambert, *Recueil des ordonnances et édits des rois de France*, t. 16.

(2) Edits de mars 1702, décembre 1706 et septembre 1714, août 1722, décembre 1733, août 1764, mai 1765, novembre 1771. Isambert, *Recueil chronologique des ordonnances et édits des rois de France.*

accordé aux particuliers de choisir eux-mêmes leurs
administrateurs.

Bien que Louis XIV ait eu recours à ces moyens extrêmes pour accroître son autorité, il ne pouvait cependant
aller plus avant dans cette voie de centralisation absolue
« régime de conquête et non de société (1), » poursuivie
par ses devanciers et que Richelieu croyait avoir atteinte.
Mais il était logique, afin d'arriver à l'accomplissement
de cette unité nationale, après avoir abattu la féodalité,
réalisé l'unité religieuse et annihilé, autant qu'il fut possible, les Etats Provinciaux, que l'on s'en prit aux communes. Etait-ce rendre encore plus forte cette centralisation,
que de désintéresser en quelque sorte les particuliers de
ce qui a trait à la petite patrie, de ce qui touche à la
commune? Le progrès consiste-t-il donc dans l'absorption
de toutes les forces vives de la nation, dans la suppression de toute initiative locale?

Désormais la vie municipale est comme suspendue dans
le royaume; le roi *établit en titre d'office formé et héré-
ditaire en chacune ville et communauté de son royaume,
pays, terres et seigneuries de son obéissance, un sien conseiller maire de la ville et communauté;* et comme dans
les principales villes le grand nombre et l'importance
des affaires demandent l'application et le concours de
plusieurs personnes *dévouées et zélées pour le bien public,*
il crée aussi, *en titre d'office, un certain nombre de conseillers ou assesseurs tirés d'entre les plus notables bourgeois et qui seront plus en état de soulager les maires
dans les occasions pressantes.* Les maires devaient jouir
des mêmes honneurs, privilèges et prérogatives que leurs
prédécesseurs dans les hôtels de ville, les assemblées et
les cérémonies publiques; leur serment devait être reçu
par les *gens tenant les cours de parlement;* et, en ce qui
concerne les conseillers ou assesseurs, c'est par devant
les maires des villes qu'ils devaient prêter serment (2).

(1) Augustin Thierry. — *Dix ans d'études historiques,* 2ᵉ partie. Sur les
libertés locales et municipales.
(2) Les passages en italiques sont empruntés à l'édit de 1692.

Tel était l'ensemble du régime municipal qui allait être substitué aux anciennes institutions communales.

Le texte que nous publions est intéressant aussi à un autre point de vue : il expose la situation des protestants dans les communes et nous indique dans quelles conditions ils étaient admis à des fonctions publiques. Bientôt, en effet, les faveurs et les privilèges que l'édit de Nantes leur avait accordés vont leur être enlevés par ces mesures rigoureuses et injustes qui accompagnèrent la révocation de cet édit et qui, tout en jetant le trouble dans l'étendue du royaume, vont chasser un grand nombre de citoyens utiles, et porter à l'étranger une partie de l'industrie et de la richesse de la France.

L'étude du document portera sur les points suivants : Droits féodaux. — Organisation communale.

§ 1er. — DROITS FÉODAUX. — *De la justice.* — Il n'y a point de règles certaines pour délimiter d'une manière satisfaisante les attributions que renferment la haute, la moyenne et la basse justice; autant de pays, autant d'usages. « C'est ici le nœud gordien, dit Loyseau (1), plus aisé à couper qu'à dénouer. » La haute justice comprenait les deux autres qui lui étaient subordonnées (2). Celui qui avait la première pouvait se dire haut, moyen et bas justicier; celui qui avait la moyenne pouvait s'intituler seigneur moyen et bas. Les seigneurs, quelle que soit la justice qu'ils possédaient, avaient le droit de se qualifier simplement seigneurs du lieu où ils l'exerçaient. Les seigneurs féodaux ou censiers devaient ajouter ces termes à leur qualité de seigneur; car, suivant le vieil adage, fief et justice n'ont rien de commun (3). La haute justice donnait le droit de connaître de toutes les causes personnelles, réelles et mixtes entre les sujets. Les hauts justiciers pouvaient juger tous les crimes et délits com-

---

(1) Loyseau, *Traité des seigneuries*, ch. X, n. 1.

(2) « La présomption est que le haut justicier a aussi les autres. » Boissieu, *De l'usage des fiefs*, ch. LVII.

(3) Renauldon, *Dictionnaire des fiefs*. — La Roche-Flavin, *Des droits seigneuriaux*, ch. XXXVI, art. 1. — Baquet, *Des droits de justice*, ch. XXVII, n. 19.

mis dans la juridiction ; outre les amendes, ils avaient la faculté de prononcer les peines du fouet, du carcan, de la marque du fer rouge, du bannissement et de la mort, et comme conséquence, le droit d'élever des piloris, échelles, fourches patibulaires, etc. (1). Le seigneur haut-justicier avait la propriété des rivières non navigables et le droit de chasse (2).

La moyenne justice, qui ne différait pas d'une manière très sensible de la basse, comprenait toutes les causes civiles sans distinction (3) et la répression des délits dont l'amende ne dépassait pas 60 sols, d'après les uns ; 75, selon d'autres (4). Le moyen justicier pouvait nommer des tuteurs et curateurs aux mineurs ; faire apposer les scellés ; procéder aux inventaires ; fixer les limites entre les voies publiques et les propriétés de ses vassaux (5).

La basse justice, enfin, permettait de connaître de la police, des dégâts causés par les animaux, des injures légères, et d'autres délits qui ne pouvaient être punis d'une amende de plus de dix sous parisis, ou de 60 sols, ou bien encore de trois livres, selon les provinces (6). L'inspection des poids et mesures rentrait dans les attributions de la police.

Depuis la réunion du comté de Foix à la couronne de France (1607), le roi était, comme comte de Foix, seigneur justicier dans la plupart des communautés de la Province. Il avait seul la justice haute, moyenne et basse à Aillères, Baulou, Campagne, Castex, Cubières, Fourniols, Labastide-de-Sérou, Laterrasse, Lujat, Méras, Montgaillard, Montaillou, Montaut, Prades, Quié, Sabarat, Saurat, Sa-

(1) Renauldon, *Diction. des fiefs.* — Cl. de Ferrière, *Dictionnaire de droit et de pratique.* — Chéruel, *Dictionnaire historique des institutions de la France.* — V. aussi Guyot, *Répertoire de jurisprudence,* et *Traité des fiefs :* [Justice.]

(2) Boutaric, *Traité des droits seigneuriaux,* 1re part., p. 4 et 5.

(3) Boutaric, *Traité des droits seigneuriaux,* 1re part.

(4) Boutaric, *Traité des droits seigneuriaux,* et Chéruel, *Diction. historique des institut. de la France.*

(5) Chéruel, *Diction. historiq. des institut. de la France.*

(6) Voy. Cl. de Ferrière, *Diction. de droit et de pratique.* — Boutaric, *Traité des droits seigneuriaux,* 1re part.; Renauldon, *Diction. des fiefs,* et *Traité historique et pratique des droits seigneuriaux :* [Justice.]

verdun, Serveilhas, Siguer, Tarascon, Varilhes, Verniolle, Vic-de-Sos; au Carla, dans le Donezan et le Lordadais.

Dans certaines localités, le roi était en paréage (1) avec le seigneur du lieu, comme à Clermont et au Mas-d'Azil, avec l'abbé du Mas-d'Azil; à Foix, à Montoulieu-Seignaux-Prayols et à Vernajoul, avec l'abbé de Saint-Volusien de Foix; à Labastide-de-Besplas et aux Bordes, avec le comte de Rabat; à Daumazan, avec le seigneur de Roquefort; à Escosse, avec le seigneur de Saint-Martin; à Pamiers, avec l'évêque et le chapitre (2).

La justice se partageait d'une façon inégale à Montaut, où le roi en possédait les cinq sixièmes, le reste appartenait à l'abbé de Boulbonne. Dans la baronnie de Château-Verdun, le roi avait le tiers de la justice, le baron de Gudanes, les deux tiers. Dans l'enceinte de la ville de Saint-Ybars, le roi était en paréage avec l'abbé de Lézat; dans la juridiction, l'abbé était seul seigneur justicier. Dans la communauté de Camarade, le roi n'était que seigneur moyen et bas, les consuls avaient la haute justice.

En dehors du roi, il n'y avait que l'abbé de Lézat pour la communauté de Lézat, et le baron de Gudanes pour le lieu d'Aston, dans la châtellenie de Château-Verdun, qui pouvaient s'intituler seuls seigneurs justiciers haut, moyen et bas.

De l'administration de la justice. — Dans un grand nombre de communautés, le roi déléguait son droit de justice aux consuls, qui la rendaient alors en son nom; le plus souvent, au criminel, ils devaient être assistés d'un assesseur ou choisi par eux, ou désigné par le conseil politique.

A Baulou et à Labastide-de-Sérou, ils avaient la justice

(1) Les contrats de paréage, assez fréquents dans le midi de la France, avaient pour but d'assurer l'exercice mutuel de leurs droits à deux ou plusieurs seigneurs, laïques ou ecclésiastiques, dans un fief ou dans une ville où ils possédaient par indivis la souveraineté, résultant soit de la donation faite par un des contractants, soit de tout autre cause.

(2) Nous devons faire remarquer que les droits ou plutôt les prétentions du chapitre à être admis en paréage ont donné lieu à des contestations et à des procès.

civile et criminelle en concurrence avec le sénéchal de
Pamiers ; et la criminelle seulement, dans les mêmes conditions, à Montgailhard, Tarascon, Prades, Verniolle, Varilhes. A Daumazan, c'était de préférence au sénéchal
qu'ils exerçaient la justice.

Dans la châtellenie de Château-Verdun, le roi faisait
administrer la justice par des officiers : un juge, un lieutenant, un procureur et un baile ; à Lézat, l'abbé, seul
seigneur, y avait de tout temps un juge.

Le sénéchal de Pamiers exerçait directement la justice
dans les localités de Cubières, Fourniols, Laterrasse,
Lujat, Montaillou, Saurat, et dans le Lordadais.

Un certain nombre de localités avaient une organisation
un peu différente. Dans le pays souverain de Donezan, la
justice était rendue par le juge-mage de Pamiers, assisté
d'un avocat de son choix, qui devait se transporter deux
fois l'an à Quérigut pour y tenir ses audiences. Il pouvait
juger en dernier ressort, tant au civil qu'au criminel ; la
petite justice appartenait, en première instance, au fermier
du roi, assisté du notaire du pays en qualité de greffier.
Les consuls de Labastide-de-Besplas ne pouvaient rendre
un jugement qu'après que le substitut du procureur du
roi avait donné ses conclusions. A Pamiers, la justice
était exercée alternativement par le sénéchal, durant
l'année qui appartenait au roi, et par des officiers créés
par l'évêque pour l'année qui était à celui-ci. La justice
civile était exercée à Saverdun par les consuls et le juge
royal de la ville ; la criminelle, par le juge, les consuls
et un assesseur, au premier occupant ; il y avait, en outre,
un procureur du roi. A Tarascon, la justice civile appartenait, en première instance, au sénéchal ; la criminelle,
aux consuls avec un assesseur. Enfin, il y avait à Varilhes
un substitut du procureur, et à Vic-de-Sos, un procureur
du roi qui assistaient les consuls.

Les appels de tous les jugements rendus au civil res-
sortissaient au sénéchal de Pamiers ; et, pour le criminel,
au parlement de Toulouse.

Le baile ou sergent, qui était chargé de l'exécution des
jugements rendus par le sénéchal ou les juges royaux, et

parfois aussi par les consuls, était institué par le fermier du domaine, comme à Château-Verdun, Daumazan, Labastide-de-Besplas, Labastide-de-Sérou, les Bordes, Méras, Serveilhas.

A Saverdun, les bailes étaient au nombre de deux, et portaient le nom de viguier. Il en était de même à Pamiers, où ils étaient nommés alternativement par le roi et l'évêque.

L'abbé nommait à Lézat deux viguiers, *l'un qui servait de geôlier, l'autre pour exploiter les actes de justice;* il nommait aussi le baile de Saint-Ybars.

Dans certaines localités, les attributions du baile royal étaient fort réduites ; à Montgaillhard, par exemple, il ne faisait que recevoir pour le roi les captures pour les dégâts qui se commettaient ; et, à Vic-de-Sos, le baile qui avait le pas après les consuls, et avait aussi le droit de porter l'épée *comme marque de son office,* assistait seulement aux exécutions judiciaires, sur lesquelles il percevait 15 sols.

A Tarascon, on employait un huissier de la sénéchaussée de Pamiers ; et à Quié on se servait d'un sergent de Tarascon. A Baulou et dans le Lordadais, on envoyait chercher les sergents et huissiers de Foix.

Autrefois, le baile ou fermier du roi en Lordadais avait, *comme les autres bailes du comté,* quelque pouvoir dans la châtellenie; en 1672, il n'en avait plus aucun. Nous retrouvons, dans la terre souveraine de Donezan, ce pouvoir, quoique fort restreint, encore conservé au fermier du roi ; il pouvait, en effet, arrêter tout malfaiteur dans le pays, et ses droits, pour les crimes, étaient fixés par les juges.

Sur les ajournements ou *droit de clam,* le baile prenait, à Saurat, 2 deniers; s'il devait se transporter au dehors, c'était 1 gros ou 8 deniers barcelonnais. Il percevait aussi 5 sols de *chaque clam qu'il était obligé de faire pour le dommage du bétail, et qu'il retirait du malfaiteur.*

Le greffe, en général, appartenait au roi ou aux coseigneurs, chacun en proportion de sa part de justice. Le

greffe de Saverdun était *tenu en censive par la communauté sous l'albergue* de 10 livres tournois, payables à la
Toussaint. La communauté de Saint-Ybars faisait, pour
le greffe, 5 livres par an au roi; et les héritiers Buffes,
qui possédaient celui de Varilhes, payaient seulement
1 livre 7 sols d'albergue. Le greffe de Pamiers appartenait aux consuls seuls.

Le sceau était au roi, rarement aux consuls; comme à
Tarascon; il en usaient pour l'apposer sur leurs actes,
certificats et passeports.

Les confiscations pour crimes et condamnations étaient
prélevées par le roi, ou se partageaient entre les seigneurs paréagers.

L'amende pour l'épanchement du sang était payée au
fermier du domaine, ou était divisée entre les coseigneurs,
proportionnellement à leur part de justice. Cette amende
différait, presque dans chaque localité. Elle était de
10 deniers à Labastide-de-Besplas, *lieu paisible où de mémoire d'homme on ne savait que ce droit eût été payé;*
de 20 sols à Fourniols; de 24 au Carla, et de 27 dans le
Lordadais. Cette amende était fixée à 50 sols dans les
juridictions de Campagne, Castex, Cubières, Méras et Serveilhas; elle atteignait 3 livres à Camarade, et 5 livres à
Clermont et à Siguer. Dans quelques localités, comme à
Tarascon, il n'y avait pas d'amende déterminée pour les
coups et blessures; le coupable était puni selon le crime
qu'il avait commis.

Pour compléter notre exposé sur l'organisation de la
justice, il semble opportun de dire rapidement un mot
des prisons. En général, les malfaiteurs étaient enfermés
dans un réduit de la maison commune, sous la garde de
personnes commises par les consuls. A Baulou, les consuls envoyaient leurs prisonniers au château de Foix; le
droit de geôle était de 2 sols par jour. Saint-Ybars,
Labastide-de-Sérou, Daumazan, avaient des tours qui servaient à mettre les criminels. A Lézat, les prisons se trou-
vaient dans les tours de l'abbaye; la châtellenie de Château-Verdun avait les siennes au château de Gudanes, et
les consuls de la terre de Donezan envoyaient leurs pri-

sonniers dans les châteaux d'Usson et de Quérigut. Il y avait, à Pamiers et à Foix, deux sortes de prisons : d'abord, celles du château de Foix et du palais présidial de Pamiers ; ensuite, les réduits disposés dans la maison de ville, pour recevoir les prisonniers *faits d'autorité des consuls*.

DE LA SEIGNEURIE DIRECTE. — La directe comprenait d'une façon générale tous les droits que le seigneur pouvait réclamer sur une terre ou qui étaient dûs à l'occasion du changement de tenancier ou de seigneur. Nous relevons, dans le comté, les droits de lods et ventes, d'acapte et d'arrière-capte, d'intestorie. Le roi, en tant que seigneur, héritier des comtes de Foix, percevait ces divers droits dans la province.

Le droit de lods et ventes se prélevait sur les ventes, les échanges et engagements de tout bien. Il était fixé à 1 denier sur douze pour les ventes et à une certaine somme sur la plus-value pour les échanges.

Deux seules communautés, dans tout le pays de Foix, étaient alors exemptes de ce droit, sans condition : le Carla, depuis l'an 1240, et Vic-de-Sos, depuis 1332. Saurat, en principe, en était aussi exempt ; mais, pour jouir de ce privilège, la ville et la juridiction devaient remettre au roi, à la Toussaint, 64 setiers de blé et 32 d'avoine, dont la moitié mesure rase et l'autre à demi-pleine, 80 poules domestiques et 80 œufs ; de plus on devait payer, à Pâques, 100 francs d'or, que se partageaient le roi et le comte de Rabat. Toutefois, lorsque le vendeur aliénait son bien en entier, le droit de lods et ventes était dû pour la dernière pièce.

A Escosse, à Daumazan, on payait moitié moins pour les engagements que pour les ventes ; et de douze, un, sur la plus-value des échanges. Il en était de même à Lézat et dans le Lordadais. Le pays de Donezan, tout en se conformant à ces usages, était exempt de tout droit pour les échanges.

Au lieu de Fourniols, le droit sur les engagements était de vingt-quatre, un.

Les habitants de Foix, Laterrasse et Saverdun payaient,

pour les échanges, moitié moins que pour les v. ntes. A Montaillou et à Prades, si la vente était faite à faculté de rachat, le droit était moitié moindre. A Tarascon, les engagements n'étaient frappés d'aucun droit ; on payait seulement moitié moins pour les ventes à faculté de rachat ; et, en ce qui concerne les échanges, il n'y avait pas de droit lorsque les biens étaient situés dans la directe d'un même seigneur ; s'il en était autrement, le droit portait sur la plus-value.

Enfin, au lieu des Bordes, où la plus grande partie des maisons payaient une redevance au comte de Rabat, seigneur paréager, il était d'usage de remettre chaque année à la Noël, entre les mains du baile du comte, un verre d'eau et une pomme, pour l'exemption du droit de lods et ventes.

Les droits d'acapte et d'arrière-capte n'étaient dûs qu'à la mort du seigneur ou de l'emphytéote. Le premier (droit d'acapte) était dû par le tenancier d'un fief à la mort du seigneur dont il relevait. Le droit d'arrière-capte était payé au seigneur par le fils du tenancier à la mort de ce dernier.

Ce droit n'est mentionné dans les dénombrements de 1672 que dans trois communautés, et encore celles-ci en étaient-elles exemptes. C'étaient : les Bordes, Méras et Campagne. « Cette dernière, » nous disent les consuls, « est exempte de payer ce droit et peut posséder toute sorte de biens, francs de toutes servitudes et redevances, suivant le privilège du franc-alleu noble et roturier du pays de Foix. »

Le droit d'exorque et d'intestorie, ou mieux *d'intestorie*, était celui qu'avait le seigneur de s'emparer de la succession de ceux de sa directe morts sans postérité. Il faut bien distinguer les mots *intestorie* et *exorche*. Le premier est un substantif qui sert à désigner ce droit seigneurial ; le second terme, au contraire, n'est que l'adjectif qui qualifie les divers objets d'une succession frappée du droit d'intestorie ; « exorchia bona defuncti sine hærede » (Ducange).

Nous ne pouvons signaler ce droit que dans deux loca-

lités du comté. A Montaillou, les habitants, pour se
rédimer de ce droit, payaient annuellement au roi 5 livres
à Pâques ; à Saurat, ils devaient remettre au fermier
du domaine, chaque année à Pâques et dans le même
but, 4 francs d'or, chaque franc étant de la valeur de
24 sols.

DE LA SEIGNEURIE FONCIÈRE. — Les droits de seigneurie
foncière étaient, dans le comté de Foix : les censives et
oublies ; — le fouage ; — l'albergue ; — la lause ; — la
dîme ; — la quête ; — la coupe ; — l'agrier ; — le pacage
ou forestage ; — la leude et le péage ; — le droit d'encans ; — le fournage ; — le droit de gants ; — le don gratuit et le droit d'aide.

Censives et oublies. — A proprement parler, la censive
désignait une certaine étendue de terre dont tous les
héritages étaient soumis à un droit appelé *cens*, envers le
seigneur auquel appartenait la *censive*. C'est donc le mot
cens qu'il serait préférable d'employer ; il consistait en
une redevance annuelle imposée par le seigneur direct,
lors de la première concession qu'il a faite, de la terre
sujette à ce droit. Il fallait avoir un titre dans les pays
de droit écrit, pour pouvoir exiger le *cens*. — Le droit
d'oublie (oblata) qui, de prestation autrefois en nature,
était devenu une redevance en argent, se trouve confondu
dans le dénombrement avec le droit de cens.

Les cens et oublis se payaient entre les mains du fermier du domaine, ordinairement à la Toussaint. Il n'est
pas possible, d'après notre document, de connaître d'une
manière exacte la répartition de ce droit par communauté. La plupart du temps, le fermier percevait tout à la
fois ce droit et ceux d'albergue et de fouage, lesquels
s'élevaient ensemble à une certaine somme indiquée par
les consuls. Les localités de Campagne, de Saurat et du
Carla en étaient exemptes. A Daumazan, on payait 1 denier toulza de censive par maison et autant par seterée
de terre comtale ; à Fourniols, 2 deniers par seterée, e
à Prades, une mesure d'avoine par maison.

Fouage. — Les feux sur lesquels était prélevé le droit
de fouage étaient de deux sortes. On entendait par *feu*

allumants, le nombre de familles sur lesquelles se faisait la répartition de l'impôt ; les *feux de compoix ou terriers* désignaient une portion de territoire, pouvant supporter une quantité déterminée d'impositions.

Le droit de fouage qui se percevait dans le comté, de sept en sept ans, était confondu, comme nous l'avons dit plus haut, avec d'autres redevances. Nous savons seulement qu'à Laterrasse, il se payait à raison de 1 sol 6 deniers par famille, et qu'à Varilhes, il s'élevait à 27 sols par feu.

Le dénombrement mentionne encore deux sortes de feux, lesquels, croyons-nous, ne sont connus seulement que dans le comté de Foix. Ce sont les *feux gentils* et *les feux comtals*, que l'on trouve dans les deux châtellenies du Lordadais et de Château-Verdun. Nous pensons que ces termes étaient, dans l'étendue de ces deux juridictions voisines, synonymes de feux allumants et de feux de compoix. Les feux gentils représentaient la répartition de l'impôt par famille (*gentes, gentium*) ; les feux comtals indiquaient les divisions territoriales sur lesquelles reposait l'impôt.

Albergue. — L'albergue était originairement le droit de gîte ou d'hébergement que le seigneur pouvait réclamer de son vassal. A cette époque (1672), il avait été depuis longtemps transformé en un payement d'une somme d'argent, et était généralement dû par toutes les communautés du pays de Foix. Ce droit appartenait au roi, et, dans quelques localités seulement, aux religieuses du couvent des Salenques.

A Lujat, l'albergue consistait en 6 livres d'argent, 14 mesures de blé et 5 poules, à la Toussaint. Les paroisses de Montoulieu et Seignaux donnaient à titre d'albergue, 10 liv. à l'abbesse des Salenques. Enfin, onze localités du Lordadais payaient l'albergue à la fois au roi et au couvent des Salenques ; ce droit variait de 1 liv. à 5 liv. et 10 liv., et de 3 à 5 francs d'or.

Lause. — Le droit de lause frappait le bétail de labourage ; il appartenait ordinairement au roi et se payait chaque année à la Toussaint.

A Camarade, ce droit reposait sur toute sorte de bétail de labourage et s'élevait indistinctement à 2 mesures de blé et 3 de millet.

On établissait une distinction dans la communauté du Carla, entre le laboureur qui employait des bœufs ou des ânes, et celui qui se servait de vaches, chevaux et juments. Le premier payait la lause entière, c'est-à-dire 3 mesures de blé et 3 de millet; le second n'était tenu que de la demi lause. Durant la première année du dressage des animaux, il n'était dû que 3 mesures de millet; de même, lorsque le cultivateur abandonnait le labourage, il ne donnait que le blé pour la dernière année. « Celui qui ne laboure qu'une demi carterée de terre, disent les consuls du Carla, paye autant que celui qui posséderait 20 paires de labourage; aussi dit-on communément : *qui rego dou-blo fara, lauso pagara;* — qui fera double raie, payera la lause. »

Ce droit était à Castex, de 2 boisseaux de blé et 2 de millet par paire de labourage, et moitié moins pour les chevaux. Il consistait à Méras en 10 boisseaux de blé et 14 d'avoine pour les bœufs et vaches, et à moitié moins pour les chevaux, juments et ânes.

Le comte de Rabat prélevait à Labastide-de-Besplas, ce droit qui était de 6 boisseaux de blé et 6 d'avoine par paire de bœufs, pour la *première bolte de terre*; et moitié moins, si l'on employait des chevaux ou des mules.

Dîme. — Nous ne trouvons la dîme mentionnée que dans trois localités du comté. Dans le Donezan, elle était de quinze, deux, sur les blés, seigle, avoine, *malorque* et orge, et autant sur la laine des agneaux; le roi y prélevait en outre un fromage sur chaque coupe de lait. A Saurat, le roi percevait sur la dîme dûe à l'évêque 16 setiers de grains : $\frac{1}{3}$ de blé, $\frac{1}{3}$ d'avoine et $\frac{1}{3}$ de seigle, lesquels devaient être pris sur le sol, vannés et nets. Enfin la baronnie de Château-Verdun payait la dîme en faveur de l'Eglise.

Il importe de remarquer que la dîme n'était pas toujours un revenu ecclésiastique. Parfois, comme on l'a vu dans certaines localités du pays de Foix, cet impôt avait été détourné de son affectation première pour être attribué à un seigneur laïque.

Quête. — Le droit de quête était celui que le seigneur levait tous les ans sur chaque chef de famille tenant feu et lieu dans la seigneurie (1). Nous ne voyons que deux exemples de ce droit, fournis par le dénombrement de 1672; pour la communauté de Montaillou, il s'élevait à 40 livres, et pour celle de Prades, à 24 livres (2).

Coupe. — Le droit de coupe était prélevé sur les grains et le sel. Il n'existait qu'à Pamiers et à Foix. Le roi prenait la moitié de la coupe des grains étrangers, portés et vendus sur la place de Foix, l'autre moitié était réservée à l'abbé. La coupe des grains se partageait à Pamiers entre le roi et l'évêque; la coupe du sel appartenait au roi et à l'évêque les lundi, mardi, mercredi, et jeudi; le vendredi et le samedi, la trente-sixième partie seulement de ce droit appartenait à l'évêque, au chapitre et à quelques particuliers nobles.

Agrier. — Le droit d'agrier, appelé aussi champart, consistait à prélever une portion des fruits provenant des fonds soumis à ce droit. Dans les pays de droit écrit, il portait sur toutes sortes de fruits; et, tandis que le cens était une redevance fixe, l'agrier était déterminé selon l'abondance ou la disette des récoltes. Il n'est fait mention de ce droit qu'à Saverdun, où le roi le percevait en entier ou à demi sur quelques terres de sa directe, et à Montaut, où quelques pièces étaient grevées de ce droit, à raison de dix, un.

Pacage. Forestage. — Nous voyons, d'après le dénombrement de 1672, que les habitants de la majeure partie des communautés jouissaient à cette époque du privilège de faire paître leurs bestiaux dans les forêts dépendant du domaine royal, et d'y couper toute espèce de bois pour

(1) La Roche-Flavin, *Des droits seigneuriaux*, 18.
(2) La *quête* se perçoit encore dans la petite république d'Andorre. La redevance annuelle payée aux deux cosouverains, le gouvernement français et l'évêque d'Urgel, porte le nom de quête. A l'origine elle n'était pas fixe dans cette Province, ce qui peut faire croire qu'elle était perçue arbitrairement; plus tard, elle fut abonnée.

leur chauffage, la construction de leurs maisons et la fabrication de leurs outils, sans payer pour cela aucune redevance. Dans la baronnie de Château-Verdun, dont les forêts appartenaient 1/3 au roi et les 2/3 au baron de Gudanes, le droit de pacage n'était prélevé que sur le bétail étranger. Varilhes payait 12 livres au fermier du domaine, et Montaillou, 10 livres. Les habitants de Daumazan remettaient chaque année au fermier du roi, un franc d'or et une livre de poivre, pour droit de pacage. La communauté de Pamiers jouissait de ce privilège, sans payer aucune redevance, dans l'étendue du comté.

Leude. Péage. — Le droit de péage était perçu sur les marchandises et denrées qui passaient par la communauté ou la ville; la leude se prélevait sur toutes les marchandises transportées et vendues sur la place. Ces droits, cependant bien distincts, se trouvent souvent confondus entre eux dans les déclarations d'un certain nombre de consuls.

Le roi prélevait ces droits qui étaient perçus par son fermier.

Foix (1), Pamiers, Camarade, Labastide-de-Sérou, Saint-Ybars, Fourniols étaient exempts de leude et péage dans tout le comté de Foix. Il en était de même de Tarascon et d'Ussat, sauf la somme de six livres qu'ils devaient verser entre les mains de l'abbé de Foix.

Parfois le péage était partagé entre les coseigneurs du lieu. A Daumazan, les 3/5 appartenaient au roi, le reste au coseigneur; à Saverdun, le péage se divisait ainsi : 3/4 au roi et du dernier quart, les deux tiers à M. de Saint-Albiès et le reste à M. d'Ornolac. Le roi prélevait le péage à Siguer, sur toutes les marchandises qui allaient en Espagne.

Les habitants de Montaillou, pour être exempts de ces droits, devaient payer par chef de famille au fermier du domaine de Languedoc, six boisseaux d'avoine, que celui-ci était tenu de venir chercher lui-même. Nous

---

(1) Le comte Roger Bernard, par un acte de 1271, avait exempté les habitants de Foix du droit de leude et péage dans tout le comté.

voyons à Tarascon payer pour droit de leude : 3 deniers
par charge de grains, quels qu'ils fussent ; 3 deniers par
charge de fer; 10 sols par charge de cordelats; 10 deniers par quintal de laine ; 1 livre d'huile par quintal ;
2 sols par bœuf ou vache; 6 sols 6 deniers par quintal
de morue ou congre; 4 par cent sardines ou harengs
saurs; 4 par cent têtes d'ail et 4 par cent oranges;
1 denier par cape ou bonnet ; 1 denier par charge de vin;
10 deniers pour chaque cuir de bœuf ou vache en poil.

Encans. — Le droit de contrôle sur les encans, *inquants*,
appartenait au roi.

Banalité. Fournage. — On entendait par banalité, le
droit qu'avait un seigneur d'obliger les habitants à se servir de son moulin et de son four (1). « La banalité n'était
pas un droit féodal ordinaire et universel, mais extraordinaire et exhorbitant et contre la nature des fiefs (2). »
Pour s'affranchir de cette obligation, et avoir un four
chez eux, les particuliers devaient payer le droit de *fournage*. Nous trouvons aussi quelquefois dans le comté de
Foix des forges soumises à la banalité.

A Camarade, tout habitant qui voulait avoir un four
dans sa maison devait donner 1 sol, 2 deniers. La communauté des Bordes payait pour ce droit, 19 livres 4 sols;
chaque particulier de Montaut pouvait avoir son four
moyennant 12 sols.

Les communautés de Prades, Quié, Saverdun, Serveilhas, Tarascon, Vic-de-Sos, Laterrasse avaient la faculté de posséder des fours, forges et moulins sans payer
de redevance.

La banalité existait au contraire dans un certain nombre de localités. A Daumazan, quiconque faisait cuire au
four banal un setier de blé ou pain en provenant, était
tenu de donner deux petits pains valant de 3 à 4 sols; la
communauté, qui n'avait à peu près que le tiers du revenu,
devait faire chauffer et réparer le four. Les deux fours

(1) Boutaric, *Traité des droits seigneuriaux.*
(2) Brodeau sur Louet, lettre M, chap. XV, nom. 5; cité par Boutaric et
Cl. de Ferrière, *Diction. de droit et de pratique.*

établis à Foix appartenaient au roi et à l'abbé et étaient affermés 1,000 livres. Les habitants de la ville de Labastide-de-Besplas (*habitants des vieux fossés*, disent les consuls), devaient faire cuire leur pain au four banal et payer de douze, un; le reste des habitants de la juridiction pouvait avoir des fours chez eux moyennant une rente faite à la Toussaint de 3 mesures de blé au roi et autant au comte de Rabat. Labastide-de-Sérou avait deux fours, pour l'usage desquels chaque particulier était obligé de remettre un pain valant 4 sols par setier de blé; le roi y prélevait un huitième, et les coseigneurs ensemble un autre huitième qu'ils se partageaient.

Le roi prenait à Montaut le vingtième pain avec le chapitre de Mirepoix et les héritiers Sierés qui devaient chauffer et réparer le four banal; toutefois les habitants de la juridiction avaient la faculté de posséder un four chez eux moyennant 12 sols comme droit de fournage, et aussi une forge sous la rente annuelle de 10 ou 12 mesures de carrou, faite au fermier du domaine.

A Varilhes, pour faire cuire le pain au four banal, chaque particulier était tenu de donner de vingt, un.

Droit de gants. — Le droit de gants consistait en une modique somme d'argent que l'acquéreur d'un héritage censuel devait payer au seigneur, en outre du droit de lods et ventes. Anciennement, lorsque l'acquéreur se faisait investir par le seigneur, il lui présentait une paire de gants qui servaient pendant la cérémonie de l'investiture. Après cela, les gants demeuraient au sergent de la seigneurie. Dans quelques lieux, les gants appartenaient au seigneur comme une redevance. C'est ce que nous constatons dans la communauté de Clermont où le sieur de La Grausse faisait hommage au roi pour une paire de gants.

Don gratuit. — Le don gratuit était fait au roi par la généralité des communautés du pays de Foix, bien qu'il n'en soit pas fait toujours mention d'une façon spéciale dans le dénombrement. Escosse cependant payait 44 livres 6 sols pour 12 feux; et, dans la baronnie de Château-Verdun, le roi prenait 3 livres, 13 sols, 6 deniers par

feu comtal et la moitié des feux gentils ; l'autre moitié
appartenait au seigneur de Gudanes.

Droit d'aide. — Enfin le roi prenait un droit d'aide sur
certaines boucheries, à Foix, par exemple, le roi avait
150 livres et l'abbé 180, ils se partageaient en outre les
langues des bœufs tués aux boucheries. A Labastide-
de-Sérou, la moitié des langues des bœufs ou vaches
était au roi ; la totalité de ces langues lui appartenait à
Varilhes, et les 5 sur 6 lui revenaient à Montaut ; la
sixième était réservée à l'abbé de Boulbonne. Aux Bordes,
le comte de Rabat et le roi avaient chacun une demi-livre
de viande de chaque bœuf, et, de plus, les lounses de chaque porc.

§ 2. — ORGANISATION COMMUNALE. — *De l'élection des
consuls et de leurs attributions.* — Le dénombrement de
1672, ne nous fait pas connaître quelles étaient les qualités requises pour être consul. Comme cela se pratiquait
dans les provinces voisines, on devait choisir des personnes notables et des plus honorables de la localité pour
exercer cette charge ou n'étaient ordinairement admis que
des catholiques. Toutefois les communautés de Sabarat,
les Bordes, le Mas-d'Azil, le Carla et Camarade jouissaient,
en vertu de lettres patentes de Louis XIII, du privilège
d'avoir deux consuls catholiques et deux protestants. A
Camarade, le secrétaire des consuls devait être catholique.

Les consuls portaient généralement le chaperon rouge
et noir ; parfois ils avaient aussi la livrée aux mêmes cou-
leurs (Varilhes, Tarascon, Saint-Ybars, Saverdun, Prades,
Pamiers, Méras, Lézat, les Bordes, Foix et Escosse).

Nous devons faire remarquer, dès maintenant, que dans
certaines localités, les magistrats municipaux portaient
des noms différents ; peut-être aussi avaient-ils des attributions plus restreintes ; mais le dénombrement ne les
indique pas. Ainsi nous voyons des prud'hommes à Laterrasse et deux syndics dans la châtellenie de Lordadais.

Les élections consulaires se faisaient régulièrement
chaque année, mais à des époques différentes suivant les
lieux ; le jour de Notre-Dame de mars, à Foix ; — le

jour de Pâques, à Pamiers; — le matin de la Saint-Jean,
à Labastide-de-Sérou; — le jour de la Pentecôte, à Saurat; — le matin de la Toussaint à Varilhes; puis, le lendemain de la Noël, le dimanche avant saint Jean-Baptiste, dans le courant de la semaine sainte, le lendemain
de Pâques, pour la Saint-André et pour la Saint-Michel,
dans d'autres localités.

En règle générale, l'élection des consuls était faite par
le conseil politique avec l'approbation du substitut ou du
procureur du roi, dans les lieux où résidait un de ces
officiers.

A Baulou, Escosse et Labastide-de-Sérou, c'étaient
tous les chefs de famille qui possédaient *du bien dans le
taillable du lieu*, qui participaient à la nomination des
magistrats. A Lézat, l'abbé créait le premier consul. Dans
la baronnie de Château-Verdun, le choix des consuls était
fait une année par le juge royal, deux années par le baron de Gudanes. L'élection devait être faite, pour la vallée de Siguer, *avec le consentement du peuple.*

La création des magistrats municipaux avait lieu de la
manière suivante : les consuls sortant dressaient une liste
d'un nombre double de candidats appelés à être élus, et
pris dans le sein du conseil, ou, en dehors, parmi les
notables de la localité. Le conseil choisissait ensuite les
personnes qui devaient remplir la charge de consuls;
cette nomination était soumise à la même formalité,
quand il appartenait au seigneur du lieu de procéder à
l'élection.

Les nouveaux consuls devaient généralement prêter serment entre les mains du seigneur ou du juge royal, du
substitut ou du procureur du roi, ou enfin entre les mains
du fermier du domaine selon les localités. Dans le Donezan et à Camarade, le capitaine-châtelain recevait leur
serment, et, à Baulou, le curé. Parfois, le premier consul sortant le faisait prêter aux consuls nouvellement élus;
(Castex, Méras, Montgaillard, Montaillou, Saurat, Tarascon, Varilhes, Verniolle). A Vic-de-Sos, le premier
consul sortant recevait le serment de son successeur, qui
le faisait ensuite prêter à ses collègues. Le juge-mage de

Pamiers devait recevoir le serment des consuls de Prades le jour de Noël, après la messe de l'aube; et, en son absence, le premier consul sortant.

A Montaut, le serment des nouveaux magistrats municipaux se prêtait après la grand'messe, sous le couvert de la place, entre les mains du premier consul sortant; chaque six ans, l'abbé de Boulbonne venait lui-même le recevoir.

Les six consuls de Pamiers prêtaient serment alternativement, une année par devant le juge-mage et une année par devant l'évêque ou son grand vicaire. Enfin, le serment des quatre consuls de Foix était reçu par le sénéchal ou les consuls sortant, et le prieur claustral devait tenir le missel sur lequel il était prêté.

Comme nous l'avons exposé plus haut, le roi étant seul seigneur justicier haut, moyen et bas dans la plupart des communautés; les consuls rendaient la justice en son nom, sauf les cas où elle était exercée par un juge royal ou par le sénéchal de Pamiers. Ils pouvaient généralement prononcer *toutes peines afflictives et infamantes et celle de mort*; au civil, leur compétence variait de 60, 65 sols à 3 livres, et 3 livres 5 sols et atteignait 1 écu à Sabarat.

Ils avaient partout la police dans l'étendue de la juridiction, et créaient un baile pour exécuter leurs ordres et assembler le conseil politique.

A Château-Verdun, où les consuls n'avaient aucune justice, ils avaient le droit, assistés des baile, greffier et prud'hommes, de connaître des litiges entre habitants pour bornes et limites, et de faire exécuter leur sentence par le baile.

Chaque village du consulat de Foix avait un baile nommé par les consuls de cette ville.

Les consuls de Pamiers comprenaient dans leurs attributions le droit de créer un receveur pour les émoluments et deniers municipaux, des auditeurs de comptes, six sergents pour instrumenter dans la juridiction et deux juges de police; ils avaient aussi l'intendance des affaires des hôpitaux. De plus, ils pouvaient imposer sans demander l'autorisation et après que le conseil l'avait reconnu nécessaire.

Les consuls nommaient le secrétaire chargé de retenir les délibérations du conseil; ils lui allouaient des gages qui, à Daumazan, s'élevaient à 9 livres par an. Parfois le conseil en corps nommait son secrétaire (Lordadais, Saverdun, Tarascon). Dans de petites localités, telles que Baulou, Castex, Méras, Vernajoul, on envoyait chercher un notaire d'une ville voisine auquel on payait la *journée de travail.*

Les consuls, par ordre des Etats, procédaient à la visite des chemins dans presque toutes les communautés du pays; ils adressaient leur rapport au *maître des ports, ponts et passages.*

Quand la ville était entourée de murailles, les consuls devaient veiller à leur entretien et nommer les portiers auxquels ils donnaient des gages; 2 livres à Castex, 40 sols à Daumazan, 4 livres à Campagne.

Quelques consuls et syndics avaient droit d'entrée aux Etats de la province de Foix; le dénombrement n'en signale qu'un petit nombre (1) : Château-Verdun, Daumazan, Labastide-de-Sérou, le Lordadais, le Donezan et Saint-Ybars.

Les consuls avaient parfois le droit de connaître des poids et mesures, et de faire des règlements. Il n'en est fait mention qu'à Saverdun, où le droit de poids et mesures appartenait à la communauté lorsque la place était *en état.*

Les consuls de Varilhes étaient capitaines châtelains et gouverneurs de la ville et juridiction, en vertu de lettres patentes du 9 octobre 1651. Ceux de Siguer recevaient chaque année, à la Saint-Jean, le serment de fidélité que les habitants d'Andorre devaient prêter au roi (2).

Le dénombrement de 1672 ne donne aucun renseigne-

----

(1) Voy. au texte, page 33.

(2) Les consuls n'indiquent pas d'une façon précise la nature de ce serment. Les Andorrans venaient peut-être jurer l'observation du doit de passerie, qui assurait, en temps de guerre, la neutralité aux habitants de chaque côté de la frontière.

ment sur la composition et le mode de nomination des conseils politiques. Nous voyons seulement qu'au Mas-d'Azil il y avait quarante-huit conseillers, vingt-quatre de chaque religion. Dans deux localités (Tarascon et Château-Verdun), le conseil prenait le nom de jurade et ses membres étaient appelés jurats.

Des communautés et de quelques privilèges. — Les communautés avaient presque toutes des communaux, terrains généralement incultes et qui servaient soit de champ de foire, de place publique, soit de pâturage pour les bestiaux; ou qui n'étaient souvent que de simples carrefours.

Les dénombrements nous font connaître un certain nombre de communes qui avaient des biens-fonds et des émoluments. Leurs ressources provenaient des droits de bannage, de pontanage et d'aide sur les boucheries, et quelquefois des revenus, de peu d'importance ordinairement, produits par les biens-fonds.

Le salin de Camarade appartenait à la communauté, ainsi que deux bois taillés, destinés à faire cuire le sel. Un grand nombre de localités n'avaient que quelques petits bois.

Boucheries. — Le droit prélevé sur les boucheries ou *mazels*, donnait des revenus plus ou moins considérables. A Saverdun, les consuls prenaient un douzième de chaque livre de viande; à Siguer, une livre par bœuf et, de plus, la *melse* de chaque mouton. Ce droit était affermé à Varilhes, 80 livres. La communauté de Tarascon avait le droit d'aide sur les boucheries, les porcs vendus au détail, le sel, l'huile, le vin et les autres denrées qui se vendaient en ville.

Ces ressources étaient affectées à la réparation des murailles, des tours, portes, fontaines et aux autres charges de la commune.

Bannage. — Le droit de bannage était prélevé sur les bancs, tables, établis des marchands qui étalaient sur la place les jours de foire. A Daumazan, ce droit affermé par les consuls produisait pour toutes les foires 50 ou 60 sols. Les marchands qui venaient à Tarascon devaient payer chacun 1 denier par jour. A Foix, le droit sur les établis de la place rapportait de 16 à 20 livres, qui servaient à la réparation de la halle.

Pontanage. — Les consuls de quelques communautés percevaient, en vertu de privilèges spéciaux, le droit de pontanage sur les personnes et les animaux qui passaient sur les ponts situés dans l'étendue de leur juridiction. De même, les habitants de certaines localités avaient la faculté de traverser, sans aucune redevance, tous les ponts du comté.

Des communautés s'abonnaient pour le passage du pont qui relie le faubourg à la ville de Tarascon : la vallée de Siguer donnait 30 livres; les lieux de Rabat et Gourbit, 36 livres. La vallée de Vic-de-Sos payait 36 sols par an et une mesure de seigle par famille ayant bêtes de bât ou de voiture, et moitié moins pour les autres; il fallait seulement que les familles fussent comprises dans les limites fixées par les consuls, au delà desquelles la communauté percevait 1 denier ½ sur chaque bœuf, vache ou bête de bât, et 1 sol 6 deniers par 100 brebis ou moutons. Les consuls de Tarascon prenaient aussi pour le pont d'Alliat une demi-mesure de seigle par famille de tous les lieux situés au-dessus du pont jusqu'à l'Hospitalet. La baronnie de Château-Verdun payait ce droit à raison de 50 livres et Miglos, de 21 livres.

A Varilhes, le droit de pontanage, affermé 80 livres en faveur de la communauté, servait à réparer les ponts et les murailles de la ville. Saverdun jouissait aussi de ce droit et les habitants de Brie contribuaient pour 45 sols par an, ceux d'Unzent, pour 18 sols, à l'entretien du pont de cette ville.

Foires et marchés. — Onze communautés du comté avaient le privilège de tenir des foires et marchés; Daumazan, le Carla, les Bordes, Lézat, le Mas-d'Azil, Pamiers, Saverdun, Saint-Ybars; les foires de Labastide-de-Sérou duraient deux jours, celles de Foix, cinq jours et celles de Tarascon, trois jours, durant lesquels on ne pouvait faire arrêter ni saisir, les personnes et les marchandises des marchands étrangers.

Le roi avait seul le droit d'accorder la permission aux communautés d'avoir des foires et des marchés. Nous voyons cependant qu'au Mas-d'Azil le parlement de Toulouse avait enlevé, à cette époque (1672), le marché du lundi pour le donner à la commune de Montbrun, et ce, disent les consuls, au préjudice du roi et de l'abbé, seigneurs paréagers.

Les consuls de Tarascon et des Bordes avaient le privilège d'interdire l'entrée des vins recueillis en dehors de la juridiction ; ceux de Saint-Ybars et de Varilhes pouvaient empêcher les étrangers et revendeurs de la ville d'acheter quoi que ce fut sur le marché avant 10 heures, pour permettre aux habitants de se pourvoir. Les villes de Pamiers et de Foix jouissaient à la fois de ces deux privilèges.

Des obligations et des privilèges des particuliers. — Les habitants des communautés étaient tenus de faire bonne garde en temps de guerre sous la conduite des consuls (Campagne, Castex, Cubières, Clermont, Daumazan, Pamiers, Saverdun, Siguer, Saint-Ybars, Verniolle, Varilhes). A Foix, ce soin incombait au gouverneur du château. Les particuliers de Saurat devaient faire le guet à Quié, chef de la châtellenie, et ceux du Lordadais étaient obligés de garder le château sous le commandement du capitaine châtelain, et de *courir sus aux libertins et gens de mauvaise vie.*

Les habitants de tout le comté avaient la faculté de chasser et pêcher ; d'avoir des pigeonniers, des garennes et des viviers. A Varilhes, les particuliers pouvaient pêcher dans l'Ariège, à la condition que le poisson fut porté sur la place et tenu en vente pendant une heure. Il était interdit de pêcher au filet de la Saint-Garaud à la Saint-André ; et, de toute manière, depuis le moulin jusqu'au gouffre de Vals, sous peine d'une amende de 60 gros. Cette partie de la rivière était uniquement réservée à la communauté.

Au Carla, toute personne avait le droit de construire des moulins à vent, moyennant une redevance annuelle de 18 sols ; de plus, les particuliers pouvaient porter des épées et des armes à feu.

A Labastide-de-Sérou, les propriétaires avaient le privilège de vendre leur vin de la Saint-Michel de septembre à la Saint-Luc, et de la Saint-Martin d'hiver à la Noël et jusqu'à Saint-Jean-Baptiste. Tout habitant pouvait aussi tenir des hôtelleries sans payer *aucun droit d'équivalent.*

En vertu des privilèges de la cité de Pamiers, le président, envoyé par le roi pour convoquer les Etats de la Province, était tenu de venir dans cette ville, les habitants en étant nobles, de les assembler dans la maison commune et de leur faire connaître ce qui avait été décidé aux Etats et ce qui était nécessaire pour le service du roi. La communauté de Pamiers avait la jouissance de la rivière de l'Ariège et des canaux dans l'étendue du consulat.

Nul étranger ne pouvait venir s'y fixer, sans l'autorisation des consuls.

Gentilshommes hommagers et gens de mainmorte mentionnés dans le dénombrement. — Nous allons donner en dernier lieu la liste par ordre alphabétique des gentilshommes et des gens de mainmorte (1) que nous relevons dans les dénombrements du comté de Foix de 1670 à 1674, avec l'indication des localités où ils possédaient des fiefs et où ils prélevaient de simples redevances.

Seigneur d'Aillères à Aillères.

Sieur de Saint-Albiès à Saverdun.

Seigneur d'Aliat à Quié.

Jacques d'Annoullès dans le Donezan.

Seigneur d'Arignac à Vic-de-Sos.

Sieur de Belloc de Pradal à Camarade.

Abbé de Boulbonne à Montaut, Saverdun et Tarascon.

Sieur de Brassac à Foix.

Sieur de Brie à Saverdun.

Commandeur de Caignac à Saverdun.

Abbé de Calers à Daumazan et Saverdun.

---

(1) Il ne faut pas entendre ici par gens de mainmorte, des hommes de condition servile ; ce terme désigne toute sorte de communautés et de corps qui, étant perpétuels par la subrogation des personnes dont ils étaient composés, ne produisaient aucune mutation par mort, ni par conséquent, aucun droit seigneurial.

Commandeur de Capoulet à Château-Verdun.

Demoiselle de Cardonne à Cubières.

Sieur de Cazaneuve dans le Lordadais.

Abbé de Combelongue à Baulou, Campagne, Montaut et Sabarat.

Sieur de Courbaut à Campagne.

Seigneur de Dalou à Varilhes.

Sieur Daubiac à Saint-Ybars.

Noble Jérôme Dupuy sieur de Pradières à Labastide-de-Sérou.

Noble Paul Dupuy sieur de Vinginas à Labastide-de-Sérou.

Seigneur de Durban à Saurat.

Sieur de la Fane à Saurat.

Sieur de Fiches à Verniolle.

Sieur des Figarèdes à Saint-Ybars.

Abbé de Foix à Château-Verdun, Foix, Montgaillard et Montoulieu-Seignaux-Prayols.

Marquis de Foix à Clermont.

Sieur de Fontaines à Verniolle.

Noble Hiérosme de Fornier sieur de Savignac dans le Donezan.

Noble Hiérosme de Fornier sieur de Clauselles dans le Donezan.

Sieur de Foucault à Verniolle.

Jean Fournier sieur de Carcanières dans le Donezan.

Commandeur de Gabre dans le Lordadais et à Sabarat.

Seigneur de Ganac à Montoulieu.

Sieur de Garanou dans le Lordadais.

Sieur de Gotty de Bonpas au Mas d'Azil et à Sabarat.

Noble Jean de Goulhard à Varilhes et Laterrasse.

Baron de Gudanes à Château-Verdun.

Seigneur de Lahille à Labastide-de-Sérou.

Hôpital Saint-Jacques de Saverdun à Saverdun.

Seigneur de Junac à Vic-de-Sos.

Sieur de Lagrausse à Clermont.

Abbé de Lézat à Lézat et Saint-Ybars.

Noble Hiérosme de Longuevernhié à Quié.

Noble Scipion de Lourde à Montgailhard.

Sieur de Luzenac dans le Lordadais.

Sieur de Marsolies à Campagne.

Sieur de Saint-Martin à Escosse.

Abbé du Mas d'Azil au Mas d'Azil et à Sabarat.

Sieur de Massabrac à Saint-Ybars.

Seigneur de Miglos à Quié, Siguer et Tarascon.

Sieur de Montastruc à Camarade.

Sieur de Monteillas à Méras.

Sieur de Montfaucon au Mas d'Azil.

Seigneur d'Ornolac à Saverdun et Verniolle.

Évêque et chapitre de Pamiers à Pamiers, Serveilhas et Verniolle.

Sieur de Pauliac à Saverdun.

Sieur de Saint-Pol à Foix et à Montgailhard.

Sieur de Pontaud à Montaut.

Comte de Rabat aux Bordes, à Campagne, Castex, Daumazan, Labastide-de-Besplas, Labastide-de-Sérou, Méras, Quié, Siguer, Tarascon et Vic-de-Sos.

Sieur de Las Rives à Montaut et Verniolle.

Messire François de Roquefort, sieur de Viviès, dans le Donezan et à Daumazan.

Sieur de Roudeille à Saverdun.

Abbesse des Salenques aux Bordes, dans le Lordadais, au Carla et à Montoulieu-Seignaux.

Chapitre Saint-Sernin de Toulouse à Saverdun.

Noble François de Serres sieur de Mansac au Carla.

Sieur de Traversier de Fantillou dans le Lordadais.

Seigneur d'Usson à Montoulieu.

Prieur de Verdun à Château-Verdun.

Sieur de Vernajoul à Foix, Pamiers et Vernajoul.

Novembre 1889.

CARTE du COMTÉ de FOIX
DRESSÉE D'APRÈS
le Dénombrement de 1670-1674

Limite du Comté de Foix ----------

Les localités soulignées ne figurent pas
dans le Dénombrement de 1670-1674.

Échelle métrique

DÉNOMBREMENT

DU

COMTÉ DE FOIX

(1670-1674)

AILLÈRES (1).

L'an 1672 et le 15 novembre, en la ville de Pamiers, diocèse, sénéchaussée dudit; par devant M° Pierre Darassus, avocat en parlement, commissaire subdélégué par Mᵍʳ Denis de Feydeau, seigneur de Brou, de la Villeneuve, de Prunelay et autres lieux, conseiller du roi en ses conseils, maître de requêtes ordinaire en son hôtel et commissaire départi par Sa Majesté pour l'exécution de ses ordres en la généralité de Montauban et présent pays de Foix; établi dans notre bureau, maison de Vidal Bru, logis de la Siraine, a comparu Pierre Soula, consul d'Aillères, faisant pour toute la communauté, en vertu de la délibération du 13 juin, qui lui a conféré le pouvoir de répondre aux questions qui lui seront posées par ce commissaire à ce député.

(1) Aillères, *villa de Aleriis* est mentionnée au nombre des villes et localités renfermées dans les limites du pays de Foix, lors de l'enquête faite le 7 juillet 1272. — V. *Hist. de Languedoc*, nouv. édit., t. X, col. 88. — Dans le tableau des châtellenies du comté de Foix, dressé par Arnaud Squerrer au milieu du quinzième siècle, nous trouvons le lieu *de Atheras* dans la châtellenie de Labastide-de-Sérou. — Aujourd'hui, Aillères est une commune d'environ 300 habitants, canton de Labastide-de-Sérou, arrondissement de Foix.

1

Après avoir donné à Pierre Soula acte de sa comparution et lui avoir fait prêter serment, la main posée sur les saints évangiles, le consul a fait les déclarations suivantes :

Seigneurie. — Aillères n'est ni vicomté, ni baronie, ni châtellenie. Le roi en est seigneur en paréage avec le seigneur d'Aillères, qui tient son droit de l'abbé du Mas-d'Azil. Ce lieu dépend simplement du sénéchal de Foix [alors à Pamiers] (1) pour la justice, laquelle appartient au roi en seul, comme la justice de toute l'abbaye du Mas-d'Azil, dont Aillères est un membre.

Etendue du Consulat. — Le consulat est de l'étendue d'un quart de lieue ou environ. Ses limites sont, au levant : Labastide-de-Sérou ; midi : Durban ; couchant et septentrion : juridiction du Mas-d'Azil.

Justice seigneuriale. — Le roi est seul seigneur justicier haut, moyen et bas ; il a la directe avec le seigneur paréager. La justice est exercée au nom du roi par le sénéchal de Foix.

Consuls. — Il y a deux consuls qui n'ont ni robe ni chaperon, créés par le conseil des habitants ; ils prêtent serment entre les mains du seigneur d'Aillères, ou de celui qui a le droit du roi.

Justice consulaire. — Les consuls ont la justice jusqu'à un (2), mais actuellement il ne se présente point d'affaires.

Police. — Tout ce qui dépend de la police est exercé par les consuls.

Lods et ventes. — On fait le droit de *lods* au denier douze (3) ; moitié au roi, moitié au seigneur d'Aillères.

Censives et oublies. — Les habitants n'ont jamais payé de censives ni d'oblies. Mais parce qu'il faut qu'ils payent quelque droit, la communauté lui a donné pouvoir de déclarer qu'elle payera annuellement aux coseigneurs

(1) Le sénéchal de Foix fut transféré à Pamiers, en vertu de l'édit royal d'octobre 1646.
(2) Un blanc dans le manuscrit.
(3) C'est-à-dire que pour le droit de lods, on prélève un denier des douze qui font la livre.

la somme de 10 livres pour les censives qui pourront être fixées sur leurs biens, ou pour l'oblie savoir : 5 livres pour chacun desdits seigneurs, ce qui revient à peu près aux censives de leurs voisins, quoiqu'ils soient de moindre qualité qu'eux.

La communauté a toujours eu les droits de chasse et de pêche et la faculté d'avoir des tours pigeonnières, garennes et viviers.

Les consuls procèdent à la visite des chemins.

Les consuls eux·mêmes commettent le secrétaire.

Le conseil politique se tient sous un chêne à un carrefour de chemin, n'y ayant nul couvert.

Après avoir donné au consul lecture de ses déclarations, celui-ci dit y persister.

BAULOU (1).

L'an 1672 et le 10 novembre, dans la ville de Pamiers ; par devant M⁰ Pierre Darassus, avocat en parlement... (2) ont comparu Jean Baures et Germa Clarac, consuls du lieu de Baulou. Après les formalités d'usage, ces derniers ont déclaré ce qui suit :

Seigneurie. — Baulou est de la directe, seigneurie haute, moyenne et basse de Sa Majesté.

Etendue du Consulat. — Le consulat a environ une lieue de long et un quart de lieue de large; ses limites sont : au levant, la terre et seigneurie de Labouisse (3),

---

(1) Dans l'enquête sur les limites du comté de Foix, en 1272, nous lisons... *vallis de Baulono et castris de Baulono*, ce qui semble indiquer que Baulou aurait été un lieu fortifié; d'ailleurs les consuls, dans leurs dépositions, signalent les restes de masures qu'on nomme le Château. Le lieu de *Baulone* est encore mentionné dans l'accord définitif intervenu entre le comte de Foix et sa mère Jeanne d'Artois, en mars 1325 (*Hist. de Languedoc*, t. X, preuves 234). Baulou est aujourd'hui une commune de 500 habitants, canton de Foix.

(2) Nous supprimons désormais les quelques lignes qui suivent et que nous avons mentionnées à l'art. Aillères.

(3) Métairie actuelle de Labouche entre Loubières et Saint-Martin-de-Caralp.

Loubières et Vernajoul ; midi, le terroir de Foix, Cos (1) et Saint-Martin-de-Caralp (2) ; couchant, le lieu de Cadarcet et Aygues-Juntes (3) ; aquilon, Loubières et Crampagna (4).

Consuls. — Les deux consuls qui sont créés chaque année par les habitants sont chaperonnés et prêtent serment entre les mains du curé.

Justice. — La justice criminelle est exercée par les consuls en concurrence avec le sénéchal de Pamiers (5) ; ils ont aussi la justice civile jusqu'à 60 sols, ainsi que la police, le tout au nom du roi.

Le greffe des consuls appartient au fermier de Sa Majesté.

Censives. Lods et ventes. — Les droits de censive et de lods et ventes sont réglés annuellement à 36 livres, qui sont cotisés avec le surplus des mandes (6) des trésoriers du roi et frais du pays et autres. Le payement en est fait par les consuls et collecteurs au fermier du roi, et, à défaut de ce dernier, au trésorier de Sa Majesté du pays de Foix. — Dans ce lieu, le seigneur abbé de Combelongue prend certain droit de censive au lieu dit la Grange (7), qui est d'un setier de blé, de 3 livres argent et de 3 gelines (8).

(1) Cos, qui est mentionnée dans l'acte de 1272 sous le nom de *villa de Cocio*, est une commune de 200 habitants, canton de Foix.

(2) Saint-Martin-de-Caralp ...*villa de Sancto Martino* dans l'acte de 1272, est une commune de 600 habitants, canton de Foix.

(3) Cadarcet, ...*castrum de Cadarceto*, est mentionné dans l'acte de 1272 et par Arnaud Squerrer en 1450. Aujourd'hui commune de 760 habitants, canton de Labastide-de-Sérou, arrondissement de Foix. — Aygues-Juntes, commune de 200 habitants, canton de Labastide-de-Sérou.

(4) Loubières, ...*villa de Loberiis* dans l'enquête sur les limites du pays de Foix, 1272, est aujourd'hui une petite commune de 150 habitants, canton de Foix. — Crampagna, 600 habitants, canton de Varilles, arrondissement de Pamiers. Le château de Crampagna, qui remonte environ au treizième siècle, est situé sur la rive gauche de l'Ariége et possède des restes de remparts, de tours et de chapelle.

(5) C'est-à-dire que le consul ou le sénéchal indistinctement pouvait connaître de l'affaire dont il avait été le premier saisi.

(6) La mande était le rôle des impositions envoyé par les trésoriers dans chaque communauté, avec ordre de le mettre à exécution.

(7) La Grange est un hameau de la commune de Baulou.

(8) *Gelines* ou *galines*, du patois *galino*, poule.

Sergent. — Il n'y a ni sergent ni viguier. Pour exploiter les actes de justice des consuls, on se sert des huissiers et autres sergents qui résident à Foix.

Prisons. — Quand il y a des prisonniers, on les conduit aux prisons royales du château de Foix. Le droit de geôle se paye au geôlier, 2 sols par jour.

Confiscation. — Le droit de confiscation appartient à Sa Majesté.

Château. — Il n'y a point de château, mais seulement des masures qu'on appelle le Château.

Banalité. — Il n'y a qu'un moulin, sur un ruisseau, qui tarit au fort de l'été.

Les habitants ont toujours usé de la faculté de chasser et d'avoir des tours pigeonnières; ils n'ont pour cela d'autre titre que le simple usage.

Encans. — Le roi n'a jamais pris sur les encans que le droit de contrôle, qui se paye à son fermier.

La visite des chemins est faite par les consuls qui en font le rapport au maître des ports, ponts et passages.

Secrétaire. — Il n'y a pas de secrétaire, et personne qui sache écrire que le curé du lieu. Lorsqu'il est nécessaire de faire quelque acte, on se sert d'un notaire de la ville de Foix, ce qui arrive fort rarement, à cause du peu de peuple et de la misère du lieu.

Les consuls ont dit ensuite qu'ils n'avaient plus rien à ajouter à leurs déclarations.

LES BORDES (1).

L'an 1672 et le 21 novembre, à Pamiers, par devant M⁰ Pierre Darassus, avocat en parlement..., ont comparu les sieurs Dominique Daltes et Jacques Ladevèze, consuls

(1) Les Bordes-sur-Arize, commune de 1150 habitants, canton du Mas-d'Azil, arrondissement de Pamiers, possédaient un château détruit depuis longtemps. Cette localité fut le théâtre de luttes sanglantes durant les guerres religieuses du seizième siècle (Voy. Lescazes, *Mémorial historique*, 1644).

des Bordes, agissant en vertu de la délibération du conseil politique du 8 novembre.

Après les formalités prescrites, les consuls ont fait les déclarations suivantes :

Étendue du consulat. — Le lieu des Bordes est dans le diocèse de Rieux, sénéchaussée de Pamiers et bas-comté de Foix. Son étendue est d'une demi-lieue de longueur et d'un quart de lieue de largeur. Il confronte au levant la juridiction de Sabarat; midi, le Mas-d'Azil; couchant, Campagne; aquilon, le Carla.

Seigneurie. — Le roi est seigneur haut, moyen et bas, en paréage avec le comte de Rabat.

Justice. — Les consuls exercent la justice au nom du roi, en seul. Ils ont la civile, jusqu'à 3 livres et ressortissent du sénéchal de Pamiers. Pour la justice criminelle, avec un assesseur qu'ils prennent où bon leur semble, ils peuvent prononcer toutes peines afflictives et celle de mort; les appels sont portés au parlement de Toulouse et en la chambre de l'Édit, séant à Castelnaudary, suivant la qualité et religion des parties (1).

Consuls. — Il y a quatre consuls, deux catholiques et deux de la R. P. R. (2); ils portent la livrée et le chaperon rouge et noir. Ils sont créés à chaque fête de Saint Jean-Baptiste. L'usage est que les consuls sortants nomment huit personnes, deux chacun. Après communication de cette élection au substitut du procureur général du roi, le conseil politique, à la pluralité des voix, en choisit quatre, pour remplir la charge de consuls. Ils prêtent serment par devant le substitut du procureur général assistant les consuls qui sortent de charge. Depuis la transaction passée entre la dame abbesse des Salenques et la communauté des Bordes, l'un des consuls, à chaque renouvelle-

_____

(1) Cette chambre spécialement destinée à connaître des affaires des protestants, avait été créée par l'édit de pacification ou de Nantes (avril 1598). Elle avait d'abord été fixée à Castres; elle fut ensuite transférée à Castelnaudary par déclaration du roi Louis XIV, en date du 31 octobre 1670.

(2) En vertu de lettres patentes du roi Louis XIII, en date du 10 oct. 1631, les consuls du Mas-d'Azil, Mazères, *les Bordes* et Sabarat, devaient être mi-partis; c'est-à-dire, moitié catholiques et moitié protestants.

ment, va prêter serment entre les mains de la dame
abbesse, au couvent des Salenques (1), à cause de la
justice que les consuls exercent dans le parsan de Saint-
Félix.

Greffe. — Le greffe et les sceaux appartiennent au roi,
et le fermier en prend les émoluments.

Baile. — Le fermier du roi nomme un baile, et le comte
de Rabat en place un autre pour exploiter les actes de
justice. Les consuls commettent un valet ou sergent ordinaire qui sert à mander le conseil, et pour les affaires de
la communauté.

Prisons. — Il y avait autrefois des prisons, qui furent
brûlées lors de l'embrasement du lieu des Bordes. Quand
il y a des prisonniers, faits d'autorité des consuls, ils
sont mis dans une maison particulière et les consuls
commettent des personnes pour les garder.

Lods et ventes. — Les achats se payent de douze livres,
une; moitié au roi, moitié au comte de Rabat; pour les
échanges, on ne paye ce droit que pour le retour de
plus-value, s'il y en a. La plus grande partie des maisons
de la ville payent oublie et redevance au comte de Rabat,
comme il est dit dans les reconnaissances; le montant en
est remis entre les mains de son baile, chaque année à la
Noël : un verre d'eau et une pomme; moyennant quoi les
maisons ne sont pas soumises au droit de lods et ventes.

Confiscation. — La confiscation appartient au roi.

Bois et forêts. — La dame abbesse des Salenques
possède au parsan de Saint-Félix, un bois dit la Caunie (2).
Il n'y a que quelques petits bois qui appartiennent à des
particuliers et dont ils payent la taille.

Communaux. — La communauté des Bordes possède
trois communaux; l'un dit, les Barals, autrement le Prat
Vézinal, contenant deux seterées environ, qui confronte

---

(1) Le couvent de l'Abondance-Dieu des Salenques', fondé par Éléonore
de Comminge comtesse de Foix, mère de Gaston Phœbus, fut incendié et
détruit vers 1574 par les religionnaires. Les religieuses se réfugièrent à
Toulouse dans la rue qui en a conservé le nom.

(2) Ce lieu est peut-être aujourd'hui la métairie de Lacaune dans la commune des Bordes.

au levant, le chemin public et la rivière de l'Arize; midi,
la même rivière; couchant, le grand chemin du Carla;
aquilon, Michel Baron et Abraham Rousselloty. Le communal sert de foiral (1) et de pâturage pour les bestiaux
des habitants. L'autre dit Escarlacas, autrement Ladevèze, de trente-cinq seterées et confrontant, au levant, le
ruisseau de las Aspes; midi, autre ruisseau de Maraveil-
lhe; couchant, d'une part le sieur Dumas de Maraveilhe (2),
de l'autre le grand chemin du Carla; aquilon, le sieur
Dugans, une goute (3) et un petit ruisseau. Il sert de
pâturage pour les bestiaux, et les habitants y coupent
des broussailles pour leur chauffage. Le troisième, dit à
la Costo, contient quarante seterées et demi, et confronte,
au levant, la juridiction de Sabarat; midi, le Mas-d'Azil;
couchant, le pas dit de l'Escallou; aquilon, le vignoble
des Bordes; les habitants y ont les mêmes droits que dans
les deux autres.

Banalité. — La communauté paye annuellement au roi,
à la Toussaint, la somme de 19 livres 4 sols d'albergue;
moyennant cela, chaque habitant a la faculté d'avoir un
four pour cuire son pain, il n'y a jamais eu de four
banier [*banal*]. — Avant l'embrasement du lieu des Bordes, qui eut lieu en 1625, la communauté possédait un
moulin à farine sur la rivière de l'Arize, près du pont, à
la porte dite de la Mole, et dont le roi avait le quart. Les
habitants, désirant rebâtir le moulin, requirent le procureur et trésorier du roi d'y contribuer. Après avoir rempli toutes les formalités, la communauté prit en fief de Sa
Majesté la quatrième partie du moulin, moyennant la
somme de 75 livres, payable chaque année à la Toussaint,
Sa Majesté étant quitte à l'avenir de la bâtisse et des
réparations, et fit bâtir le moulin plus bas sur la rivière,
à ses frais. Depuis cette époque, la somme de 75 livres
est payée chaque année au roi; le moulin paye la taille,
comme les autres biens, et les habitants des Bordes sont

(1) C'est-à-dire le champ de foire.
(2) La famille du Mas de Marveille existe de nos jours et possède le château de Marveille dans la commune des Bordes.
(3) Une *goute*, de *guta*, petit filet d'eau.

tenus d'y aller moudre leur grain. La dame abbesse des
Salenques possède un sixième de ce moulin, en vertu d'un
jugement rendu par MM. les commissaires établis par le
roi pour la vérification des dettes de la généralité de
Montauban et pays de Foix; en vertu de ce même jugement, la communauté a été aussi maintenue dans les
autres cinq portions. L'abbesse possède en outre un moulin à farine sur la rivière de l'Arize, près du couvent,
avec les masures d'un château et une tour, appelé moulin des Salenques et qu'elle prétend noble (1).

Mazel. — Le roi ou ses bailes et fermiers prennent de
chaque bœuf qui se tue à la boucherie de la ville une
demi livre de viande; le comte de Rabat en prend autant.
Les bailes du roi et du seigneur de Rabat prennent aussi
les lounses de chaque pourceau (2) que l'on tue à la boucherie.

Pontanage. — Il y a un pont sur la rivière de l'Arize
pour l'usage des habitants et des étrangers; mais il n'y
a aucun droit.

Acapte et arrière-capte. — Les habitants n'ont jamais
payé ce droit; ils sont en possession immémoriale du
droit de posséder toutes sortes de biens et héritages francs
et exempts de toute servitude et redevance, suivant le
privilège du franc alleu noble et roturier du pays de Foix.

Gentilshommes. Biens de mainmorte. — Le comte de
Rabat est seigneur paréager, mais on ne sait quel hommage il fait au roi. — La dame abbesse des Salenques
possède au parsan de Saint-Félix deux paires de bœufs
et une métairie dite de Paloume d'une seule paire, avec
un petit bois. Elle a été maintenue par des arrêts du
parlement de Toulouse, en la seigneurie de cette terre,
de même provisionnellement, en la possession d'un terroir appelé de Viulmes, qui appartenait autrefois à des
particuliers. La dame abbesse ne veut pas payer la taille,

(1) Le château et le moulin des Salenques se trouvent aujourd'hui dans
la commune des Bordes, sur la route de Sabarat à Montesquieu-Volvestre.

(2) La *lounse*, vieux mot du patois languedocien, désigne le haut côté
du pourceau.

soutenant que ces biens sont nobles. — Les frères Pierre
et Jean Baron et Jean-Paul de Castex possèdent une métairie dite de Faurous (1), d'une paire de labourage, avec
un bois; ils prétendent que ce lieu est noble et refusent
de payer la taille. Jean Baron et Jean Dupias ont encore
une pièce de terre dite à Eschel, contenant trois seterées
environ et dont ils ne veulent pas payer la taille.

Fouage. — Ils payent le droit de fouage de sept en
sept ans.

Poids et mesures. — On fait usage de seterée; la seterée contient huit mesures; la mesure, quatre boisseaux.
Pour les autres mesures, poids et aunage, ils se conforment aux mesures de Pamiers.

Foires et marchés. — Il y a un marché public chaque
vendredi, et cinq foires par an. La première est le 1er mars;
les autres sont : le 25 avril, jour de saint Marc; le 24
juillet, jour de saint Jacques; le 28 octobre, jour des saints
Simon et Jude; le 19 décembre, jour de sainte Claire (2).

Les habitants ont le droit de chasser et de pêcher;
d'avoir des pigeonniers, des garennes et des viviers.

Les consuls font la visite des chemins par ordre des
Etats.

Secrétaire. — Les consuls peuvent nommer un secrétaire et le changer quand bon leur semble.

Maison de ville. — Il n'y a pas de maison de ville; le
conseil s'assemble dans une maison particulière.

La communauté a de tout temps joui du privilège de
défendre l'entrée en ville des vins qui se recueillent hors
de la juridiction, afin que les habitants puissent vendre
leur vin pour payer la taille et faire travailler leurs biens.

Les consuls déclarent ensuite n'avoir plus rien à ajouter.

(1) La métairie de Faurous se trouve actuellement à l'extrémité nord de
la commune des Bordes.
(2) Les foires sont aujourd'hui : le 25 janvier, — les 1er et 27 mars, — le
25 avril, — le 25 mai, — le 20 juin, — le 12 juillet, — le 1er août, — le
17 sept., — le 29 oct., — 22 nov., — 19 décemb.

CAMARADE (1).

L'an 1672 et le 29 novembre, dans la ville de Pamiers, et par devant M⁴ Pierre Darassus, avocat en parlement... ont comparu les sieurs Jean Tanière, fils de feu Pierre, et Pierre Boubilla, consuls du lieu de Camarade, agissant en vertu des pouvoirs à eux conférés par la délibération du conseil du 27 courant.

Aux questions qui leur ont été posées, les consuls ont fait les réponses suivantes :

Etendue du Consulat. — Le lieu de camarade est situé dans le comté de Foix, diocèse de Rieux et sénéchaussée de Pamiers. Ses limites sont : au levant, *Lagoute serane*, qui sépare le Mas d'Azil et Camarade, droit au roc dit *Darnautou*, de là à *Fontgrade*, au *pas de Lescalo* (2), suivant le *clin de l'aquerre* (3) qui sépare Montfa (4) et Camarade; tout droit à la fontaine *des Devières*, tout le long du bout de l'*aquerre de Sarrat* (5), où sont les *termes* (6) de la séparation des juridictions de Montbrun (7), Montfa et Camarade; de là, suivant le *clin de l'aquerre*, droit à la *font del Coulance*, où est le terme

(1) Arnaud Squerrer, dans sa nomenclature, donne Camarade comme chef de châtellenie, qui comprenait Clermont, Sabarat, les Bordes, Campagne, Daumazan, Montfa et Labastide-de-Besplas. — Camarade joua un certain rôle pendant les guerres religieuses du seizième siècle; les habitants ayant embrassé la religion réformée se virent assiégés par un parti catholique commandé par le sieur de la Valette. Les habitants, ayant à leur tête Sénégas, se défendirent énergiquement; mais, après une lutte désespérée, Camarade fut pris et livré aux flammes. C'est aujourd'hui une importante commune (1100 habitants) du canton du Mas-d'Azil, arrondissement de Pamiers.

(2) Passage de l'échelle.

(3) Le *clin de l'aquerre* signifie-t-il un côté de l'équerre ou triangle rectangle?

(4) Montfa, commune de 400 habitants, canton du Mas-d'Azil, arrondissement de Pamiers.

(5) Le *sarrat* désigne la partie de la plaine qui commence à s'élever insensiblement pour former bientôt le versant du côteau ou de la montagne.

(6) C'est-à-dire les bornes.

(7) Montbrun, commune de 1350 habitants, canton de Montesquieu-Volvestre, arrondissement de Muret, département de la Haute-Garonne.

qui sépare au couchant Mauvesin (1) et Camarade; et de
là, à un autre terme planté au Sarrat dit *delouti saubers*,
séparant aussi, au couchant, les juridictions de Montfa et
Camarade; le long de *la Bouronne droit avant du Cap-
long* (2); le long du chemin public qui aboutit au bout
de la chaussée ou *paisselle* (3) du moulin du seigneur
comte de Rabat; de là, suivant le chemin qui sépare les
deux forêts dudit seigneur et de Camarade, aux trois
termes plantés au bout de ces forêts qui séparent les
juridictions de Mauvesin, Camarade et Montesquieu-Avan-
tès (4). Au midi, la limite va *al pla de las fustes* (5);
de là au bout de *Lagoute deça del birdilhous* et de la
peyrofitte (6) à *la font del buc* (7) et au bout de *lierre
longue* et à la borne qui sépare Clermont et Camarade,
dite à la métairie de Gabriel de Fanjau; de là à un
terme placé au lieu dit de *las pessettes*, séparant Clermont et Camarade, à une autre borne au lieu de *souleilh
de barrau* (8) et au fond de *las puntes des tillet* (9); de
là *al barrat delmon, al souilh deminjou* et *al souilh de
Sarradas* (10); de là *al pas de Lescallo de daussos*; au
bout du bois de *la Cassanedo* (11), qui est du côté du le-

(1) Mauvezin, commune de 300 habitants, canton de Sainte-Croix, arrondissement de Saint-Girons.

(2) Le *Caplong* est un hameau situé à l'extrémité ouest de la commune de
Camarade.

(3) Paisselle, du patois *paichelo*.

(4) Montesquieu-Avantes, commune de 660 habitants, canton de Saint-
Lizier, arrondissement de Foix.

(5) Du latin *fustis*, bois. — *Las Fustes* est un hameau situé à l'extrémité
sud de la commune de Camarade.

(6) La goute, de *gutta*, petit ruisseau. — Peyrefitte est une métairie située à l'extrémité sud de la commune de Camarade.

(7) Fontaine du buc; — *le buc*, en français, la ruche, est un tronc d'ar-
bre creux où les abeilles vont faire leurs rayons.

(8) Le *souleilhat* désigne une terre sise sur le versant d'un côteau et exposée au levant.

(9) *Las Puntes* est un hameau situé au sud et dans la commune de Camarade, au point de jonction des communes de Camarade, Clermont et
Mas-d'Azil.

(10) *Sarradas* est aujourd'hui une métairie située au milieu des bois, au
sud de Camarade et dans la commune du Mas-d'Azil.

(11) La racine de ce mot, *Cassanedo*, est assurément, *cassé* qui signifie
en patois, chêne.

vant, séparant le Mas et Camarade ; de là à un terme au lieu dit Albiès et à un autre terme planté près du ruisseau de Lezères (1), séparant au levant les juridictions du Mas d'Azil et de Camarade.

Seigneurie. — Le roi est seul seigneur moyen et bas du lieu de Camarade.

Consuls. — Il y a quatre consuls, deux catholiques et deux de la R. P. R. (2), suivant le règlement de Sa Majesté. Ils portent le chaperon rouge et noir et prêtent le serment devant le capitaine châtelain de Camarade. Ils sont créés par le conseil politique du lieu à la pluralité des voix, selon la coutume.

Justice. — Les consuls ont l'entière police, la justice civile jusqu'à 3 livres et la haute jusqu'à mort. Le greffe appartient au roi. Il n'y a pas de sceau. Les consuls ont un baile pour faire exécuter leurs mandements et servir de sergent.

Dommages. — Le roi prend un droit sur les dommages causés par les bestiaux aux fruits de la terre. Quand les animaux sont trouvés causant un dommage, ils sont enfermés dans telle maison que le fermier du roi a désignée. Ils paient ordinairement un sol, six deniers.

Lauses. Lods et ventes. Fouage. Fournage. — La baillie perçoit les lauses que chaque laboureur, labourant avec quelle sorte de bétail que ce soit, paye au roi ou à son fermier à chaque fête de Toussaint : deux mesures de blé ; trois mesures de millet, mesure de Foix ; — le droit de lods et ventes de douze, un ; comme aussi le droit de fouage, suivant que le fermier général du domaine, de sept en sept ans, en fait la demande et en donne acquit au corps de la communauté ; en outre, le droit de fournage, pour lequel chaque habitant paye un sol, deux deniers annuellement ; moyennant quoi, ils peuvent avoir chacun un four dans leur maison.

Epanchement du sang. — On paye au roi ou à son

---

fermier la somme de 3 livres pour l'épanchement du sang (1).

Confiscations. — Les confiscations appartiennent au roi.

Château. — Il n'y a que les masures d'un vieux château où anciennement résidait un capitaine, lequel recevait le serment des consuls, comme à présent le sieur de La Passe, capitaine du lieu, le reçoit; et auquel les consuls, à l'entrée de leur charge, nomment soldat pour exécuter leurs mandements.

Bois et forêts. — Il y a au lieu de Camarade, une forêt appelée Montine, haute futaie, plantée de hêtre. Les habitants ont l'usage d'y prendre du bois pour bâtir et se chauffer, et d'y faire paître leur bétail, sans aucun titre. Ils en ont joui de temps immémorial jusqu'à l'année 1668 où, par jugement souverain de Mr de Froidour, commissaire réformateur, faute d'avoir présenté de titre, ils en ont été dépossédés. A l'entrée de leur charge, les consuls nomment deux gardes pour garder la forêt.

Banalité. — Il n'y a que les forges qui sont aux particuliers et quatre moulins bâtis sur de petits ruisseaux, qui appartiennent, savoir : ceux du ruisseau de Bouguet (2) aux sieurs Pierre et Paul Boubilla frères, et ceux du ruisseau de Montine aux sieurs Jean et Pierre Tanière frères. Ils payent d'oublie pour chacun, au roi ou à son fermier, 13 sols 3 deniers annuellement à la Toussaint, et la taille au roi pour le fonds sur lequel ils sont bâtis.

Leude. — Il y a droit de péage pour toutes marchandises et bétail passant par la juridiction de Camarade. Les habitants du lieu sont exempts de payer la leude ou péage par tout le détroit de la Comté de Foix.

Gentilshommes. Biens de mainmorte. — Le sieur de Montastruc possède, dans le détroit de Camarade, une métairie qu'il prétend noble. Les consuls, en 1669, faisant procéder à un nouveau compoix (3) et l'ayant, par

(1) C'est-à-dire, les coups et blessures.
(2) Le hameau de Bouguet, d'où le ruisseau tire son nom, est situé au sud-est de Camarade.
(3) Compoix; livre terrier, cadastre.

acte public, requis de faire apparoir de son titre, il ne daigna pas satisfaire à cette requête. Ils firent alors arpenter et abonner (1) le terroir de la métairie comme le reste de la juridiction. — Le sieur de Belloc de Pradal possède une métairie touchant la forêt du lieu, d'environ 30 ou 35 arpents; ils ignorent s'il en paye quelque droit. Ils ne savent qu'il y ait personne qui possède d'autre bien noble.

Censives et oublies. — Tous les documents de la communauté de Camarade ont été perdus aux dernières guerres et au siège du lieu; ils payent depuis avec grande confusion les censives et oublies aux fermiers du domaine, sans savoir à combien chaque droit se monte.

Poids et mesures. — On mesure les terres par seterées, faisant huit mesures; la mesure, quatre boisseaux. Le poids est de seize onces la livre et la canne de huit pans. La mesure du vin a quatre ucheaux; le tout conformément aux poids et mesures de Foix.

Privilèges. — Le droit de chasse et de pêche, et la faculté d'avoir des tours pigeonnières, garennes et viviers, leur appartiennent de tout temps.

Les consuls font la visite des chemins par ordre des Etats.

Secrétaire. — Les consuls peuvent nommer tel secrétaire que bon leur semble, pourvu qu'il soit catholique.

Maison de ville. — Il y a eu autrefois une maison commune qui est démolie depuis longtemps et dont une partie de l'emplacement est occupée par le temple de ceux de la R. P. R.

Les consuls déclarent qu'il y a, au lieu de Camarade, un salin appartenant à la communauté, avec deux bois taillis affectés à faire cuire le sel (2). Les habitants en ont joui de temps immémorial, sans autre titre que les devoir et rente annuelles qu'ils payaient au capitaine

(1) Abonner un terroir signifiait fixer la quote-part de chaque contribuable dans un quartier.

(2) La source salée de Camarade a été concédée en 1848, et est affermée à la société anonyme de recherches de gisements salifères.

châtelain, savoir : huit setiers de sel et trente-six livres
d'argent; les consuls ne savent pourquoi et si cela est
pour payer ses gages. Plus seize setiers au seigneur abbé
de Combelongue, huit setiers au seigneur abbé du Mas-
d'Azil. Ce salin fut en entier rendu au domaine de Sa
Majesté, en 1668, par ordonnance de M. Darjac, commissaire; les habitants n'ayant pu produire aucun titre,
les ayant tous perdus, *es guerres passées*. Aujourd'hui,
la communauté en poursuit le *rétractement* par devant
M. l'Intendant.

Communaux. — Les consuls déclarent que les habitants ont trois petits communaux, l'un appelé *Delama-
che*, touchant au levant, Jean Bazin; midi, chemin public; couchant et aquilon, un ruisseau; d'une contenance
de neuf mesurées environ. L'autre appelé *Lhere Delprat*,
borné par un ruisseau dit *Delbarry* (1); au midi, par
Paul Durrieu, Delatou, Germain Falantin et Jérémie
Pons; au couchant, par Bazin; aquilon, *Lagoute Demou-
ret*; sa contenance est de quatre seterées, et il y a un
chemin au milieu. Le troisième, dit *Delaroque*, confronte
au levant le sieur de Larisole, Izac Durieu; midi, Durieu, Jérémie et Gédéon Pons; aquilon, le ruisseau de la
ville. Sa contenance est de six mesurées environ.

Les consuls, après avoir entendu la lecture de leurs
déclarations, disent n'avoir rien à ajouter.

CAMPAGNE (2).

L'an 1672 et le 20 novembre, à Pamiers, par devant
Mᵉ Pierre Darassus... ont comparu les sieurs Raymond

---

(1) *Lhere delprat*.... l'aire du pré — ruisseau *Delbarry*..., ruisseau dit du
faubourg.

(2) Campagne est une commune de 800 habitants du canton du Mas-d'Azil,
arrondissement de Pamiers. Placé sur une éminence, ce village offre le
type des bourgs fortifiés. Il forme une enceinte d'habitations au centre de
laquelle est une grande cour. On y pénètre par une porte ogivale du quatorzième siècle.

Eychène, consul de Campagne et Bernard Baron, habitant du lieu.

Ces derniers ont fait les réponses suivantes aux questions qui leur ont été posées.

Étendue du lieu. — Campagne est dans le diocèse de Rieux, sénéchaussée de Pamiers. Son étendue est d'un quart de lieue de long et demi-lieue de large environ. Ses bornes sont : au levant, la juridiction des Bordes ; midi, les juridictions du Mas-d'Azil et Montfa ; couchant, celles de Montbrun et Daumazan ; aquilon, le Carla et Daumazan.

Seigneurie. — Le roi a la justice haute, moyenne et basse, et M. l'abbé de Combelongue (1) est en paréage avec lui.

Justice. — La justice est exercée par les consuls au nom du roi, qui sont juges de la police. Ils jugent pour le civil jusqu'à 3 livres, et au criminel, condamnent à toutes peines *inflictives* (2) et à mort. Les appels des sentences des procès criminels vont au parlement de Toulouse ; et pour la justice civile, ressortissent du sénéchal de Pamiers.

Consuls. — Il y a trois consuls qui portent la livrée et le chaperon rouge et noir. Pour leur nomination, la coutume est que les consuls soient élus chaque année pour la Pentecôte, et ce, par le conseil politique du lieu, composé de vingt conseillers qui choisissent les trois consuls de six habitants que les consuls sortant de charge sont obligés de nommer, lesquels sont pris parmi les plus qualifiés dans le conseil ou en dehors. L'abbé de Combelongue est tenu de leur faire prêter lui-même le serment ; en son absence, c'est le premier consul sortant qui en est chargé.

(1) L'abbaye Saint-Laurent de Combelongue, fille de la Case-Dieu, ordre des Prémontrés, se trouvait à quelque distance de Saint-Girons et renfermait environ cent religieux. Après la révolution, les bâtiments du monastère furent transformés en magasin à fourrage. Elle eut beaucoup à souffrir des guerres du seizième siècle, et, pendant longtemps, ne put nourrir que trois religieux.

(2) Peines *inflictives*, mis pour *afflictives*.

Greffe. — Le greffe, où il n'y a point de sceau, appartient au roi, et son fermier en prend les émoluments.

Baile. — Il y a un baile pour exploiter les actes de justice; il est nommé par les consuls et le conseil politique, et sert de valet.

Prisons. — Quand il y a des prisonniers faits d'autorité des consuls, on les met dans la maison commune du lieu, et ils sont gardés par des personnes que les consuls y commettent.

Lods et ventes. — Le droit de lods et ventes pour les achats se paye de douze livres une, dont le roi prend la moitié, l'autre perçue par l'abbé de Combelongue; à l'exception du parsan, dit Ournou (1), où le seigneur comte de Rabat prend quelque portion qu'ils ne connaissent pas. Pour les engagements, on ne paye aucun droit, de même que pour les échanges, à moins de plus value, s'il y en a.

L'amende que l'on a coutume de payer pour l'épanchement du sang consiste en tout à cinquante sols, payés par celui qui a blessé ou le blessé (2), faute de le découvrir, aux fermiers du roi et de l'abbé.

Château. — Il n'y a point de maison royale; mais dans la juridiction de Campagne, il y a une maison en forme de château, appelée *Portecluse* (3), et appartenant à l'abbé de Combelongue. La terre qui en dépend ne paye pas la taille et donne un revenu de quarante setiers de grain environ, sauf le cas fortuit.

Bois et forêts. — Il n'y a pas de haute-futaie, mais la communauté possède deux bois taillis. Le premier dit à Peyreguet, de la contenance de quarante-huit seterées, trois mesurées, touchant au levant, le sieur Barnave; midi et couchant, le ruisseau de la Piète; aquilon, l'abbé de Combelongue. L'autre, appelé Roquebrune, contenant quatre seterées, quatre mesurées, confronte au levant,

---

(1) *Parsan*, veut dire quartier.

(2) C'est-à-dire que l'auteur de l'attentat n'étant pas connu ou n'ayant pu être arrêté, c'est la victime qui paye l'amende.

(3) Le château de Portecluse se trouve actuellement dans la commune et au sud de Campagne.

l'abbé; midi et couchant, le sieur Demarsolies; aquilon, le ruisseau.

Communaux. — La communauté possède un petit communal, dit le pré de la Gleyse (1) qui fait carrefour, servant de chemin pour aller au Mas-d'Azil, Camarade, Daumazan et autres lieux, contenant quatre mesurées environ; confrontant au levant, Guilhem Lavolte; midi, Jean Bonzom; couchant, le sieur Dusson, et aquilon, le fossé de la ville et l'église. Il y a, en outre, une autre terre dite Lebarlac (2) de deux mesurées environ; touchant au levant, Jean Bonzom; midi, le chemin public; couchant, le fossé de la ville; aquilon, le sieur Maury et M⁰ Jacques Bonzom.

Banalité. — Il y a un moulin farinier sur la rivière de l'Arize, appartenant à l'abbé, et faisant une rente de cent et quelques setiers de grain. Il est prélevé un boisseau par setier, pour droit de mouture. Ce moulin n'est point banal, et les habitants de Campagne ont le droit d'aller moudre leur grain où bon leur semble.

Leude et péage. — Ce droit est perçu conjointement par les fermiers de l'abbé et du roi.

Pontanage. — Il y a un pont sur la rivière de l'Arize, mais il n'y a aucun droit.

Acapte et arrière-capte. — Les habitants de Campagne n'ont jamais payé ce droit. Ils sont en possesion immémoriale et perpétuelle du droit de posséder dans le pays de Foix, toute sorte de bien et héritage, francs et exempts de toutes servitudes, redevances et autres droits féodaux, autres que ceux qui sont énumérés, à moins qu'on montre le contraire par titres en bonne forme.

Gentilshommes. Biens de mainmorte. — Le sieur de Marsolies qui se dit noble, habite la juridiction de Campagne, où il possède, entre autres biens, une métairie dite de Marsolies (3), dont il refuse de payer la taille.

(1) Ce nom indique l'existence dans ce lieu d'une église ou chapelle champêtre, aujourd'hui disparue.

(2) Le *barlac* signifie en patois une petite mare.

(3) La terre de Marsolies ou Marsoulies se trouve aujourd'hui au sud-ouest de Campagne.

Pour ce motif il est en procès avec la communauté, devant le parlement de Toulouse. Il y a aussi le sieur de Courbaut, qui est lieutenant au lieu de Campagne et qui prend la qualité de noble. Les consuls ignorent quels hommages ils font au roi, et s'il y a des biens possédés par des gens de mainmorte.

Poids et mesures. — Les habitants de Campagne ne savent ce que veut dire l'arpent, l'usage est de la seterée qui est de 8 mesures, et la mesure de 4 boisseaux. Pour les poids et aunage, ils se conforment aux villes circonvoisines de Daumazan et des Bordes.

Censives. Fouages. — Chaque chef de famille paye annuellement, à la Toussaint, une mesure de carrou de blé (1), qui est de trois boisseaux et demi, mesure de Pamiers. Les fermiers de l'abbé et du roi se la partagent également; sur la part de Sa Majesté, le comte de Rabat prend deux setiers de blé. Moyennant ce droit, les habitants ont la faculté d'avoir chacun un four pour cuire leur pain, et sont exempts de censives. Ils payent le fouage de sept en sept ans et leur portion de la donation annuelle au roi, suivant les mandes qui leur sont envoyées par les trésoriers.

Les habitants ont la faculté de chasser et de pêcher, d'avoir des pigeonniers, garennes et viviers.

Les consuls font la visite des chemins par ordre des États.

Garde. — Tous les habitants doivent garder le lieu de Campagne pour le service du roi.

Secrétaire. — Comme Campagne est un pauvre lieu et dépourvu de gens de savoir, ils sont obligés, pour retenir les délibérations et autres actes de la communauté, de donner des gages à un secrétaire, nommé par les consuls et le conseil politique.

Portes. — A Campagne, il n'y a qu'une porte de ville. Pour l'ouvrir et la fermer, ils établissent un portier qu'ils payent 4 livres par an.

(1) Le *carrou* est un mélange fait moitié de seigle et moitié de blé. Dans la composition du carrou de blé, le froment entre vraisemblablement pour plus de la moitié.

Maison de ville. — Les habitants jouissent d'une maison à Campagne, où se réunit le conseil politique. Elle confronte au levant et aquilon, le mur de la ville; midi, la rue: couchant, Jacques Bonzom et contient un demi-boisseau de terre.

Les consuls disent ensuite maintenir dans toutes leurs parties, les déclarations qu'ils viennent de faire.

LE CARLA (1).

L'an 1671 et le 17 août, dans la ville de Pamiers, par devant M° Pierre Darassus, avocat en parlement..., et M° Jean Bastard, conseiller du roi et son procureur en la judicature royale de la ville de Fleurance, commissaires subdélégués par Mgr de Sève, chevalier, seigneur de Châtillon, Leroi, Izi et Grineville, maître de requêtes ordinaire de son hôtel; ont comparu, le sieur François Depalaso consul, et noble Pierre Castet, sieur de la Boulbenne, députés de la ville du Carla, en vertu de la délibération du conseil du 13 courant.

Après avoir prêté serment, les députés ont fait les déclarations suivantes :

Etendue du Consulat. — La ville du Carla est située sur une éminence, sans murailles, détruites en 1635; de la sénéchaussée de Pamiers et du diocèse de Rieux. Elle confronte au levant : la juridiction d'Artigat (2); midi, les juridictions de Casteras (3), les Bordes, Campagne;

---

(1) Le Carla, appelé Carla-Bayle ou Carla-le-Comte selon la forme républicaine ou monarchique du gouvernement, est une importante commune (2000 habitants) du canton du Fossat, arrondissement de Pamiers. Patrie du célèbre philosophe Bayle, le Carla était au quinzième siècle le chef-lieu d'une châtellenie; il joua durant les guerres religieuses du seizième siècle, un rôle assez important dans la contrée.

(2) Commune de 1300 habitants, canton du Fossat.

(3) Commune de 200 habitants, canton du Fossat.

couchant, Daumazan, Castex, Sieuras (1) et Nogarède (2);
septentrion, les terres de Saint-Ybars et du Fossat (3). Le
fonds est très-mauvais, sujet aux brouillards et aux eaux.

Consuls. — Les consuls du Carla sont au nombre de
quatre; deux catholiques et deux de la R. P. R. Ils sont
créés le lendemain de la Noël et sont chaperonnés. Chacun des quatre consuls nomme trois personnes, faisant
douze. Sur ces douze, quatre les plus capables d'exercer
la charge, sont choisis par vingt-quatre conseillers politiques. Ceux qui sont élus à la charge de consul prêtent
serment entre les mains du baile ou fermier de Sa
Majesté, qui prend les droits que perçoit le roi.

Secrétaire. — L'élection des consuls et les délibérations sont écrites par le greffier ou secrétaire du conseil
de ville.

Justice. — La justice appartient au roi; elle est exercée
par les consuls qui ont le droit de nommer tel assesseur
que bon leur semble pour l'administrer. Les consuls ont
la police, ils sont juges des causes criminelles et civiles
jusqu'à 65 sols.

Maison de ville. Prisons. — Dans la ville, il y a une
maison communément appelée la maison de ville, où se
tiennent les assemblées et où l'on rend la justice. Il y a
un coin qui sert de prison, et on y loge le sergent.

Les consuls déclarent posséder un *patus* de maison,
avec un couvert appelé *Lospital*, lequel n'est d'aucune
utilité et ne paye pas la taille. Les consuls l'ont possédé
de temps immémorial. Ces biens ont été dénombrés et
taxés par M. Donat, député par Sa Majesté pour la réception des hommages, le 3 octobre 1667. — Il y a de plus
une place publique, sur une partie de laquelle est bâtie
l'église paroissiale.

Château. — Il y a la place d'un petit château sur une

(1) Commune de 370 habitants, canton du Mas-d'Azil, arrondissement de
Pamiers.
(2) Le nom de *nogarède* désigne généralement un lieu complanté de noyers.
Le château et le hameau de Nogarède se trouvent aujourd'hui dans la commune de Sieuras, au nord du Carla.
(3) Chef-lieu de canton (930 habitants) de l'arrondissement de Pamiers.

roche, appartenant à Sa Majesté, et qui a été démoli.

Censives, oublies. Lods et ventes. — La terre du consulat est allodiale, exempte de toutes censives, oublies, lods et ventes. Les habitants ont toujours joui de ces privilèges, en vertu des titres de 1240, concédés par Bernard Roger, comte de Foix; par Gaston en 1333; et du rachat fait en 1412, en pure perte, par la communauté du Carla, au profit de Jean comte de Foix et d'Isabelle sa mère; Archambaud, père et mari, avait engagé pour le mariage de sa sœur avec le vicomte de Couseran pour 200 francs d'or (1).

Ils payent seulement la taille ordinaire au roi, comme comte de Foix, et le don gratuit annuellement.

Les habitants ont de plus la faculté de bâtir des moulins à vent en tel nombre que ce soit, et même sur le ruisseau de Dourné. Pour chacun de ces moulins, ils doivent payer annuellement, au roi ou à ses fermiers, 18 sols.

Tous les habitants ont la faculté de chasser dans toute la juridiction, d'avoir des pigeonniers à quatre piliers et des garennes, de porter des armes à feu et des épées.

Mazels. — Les mazels appartiennent à la communauté qui les afferme à celui qui fait la condition meilleure pour le prix de la livre de chair. La communauté n'en retire aucun profit à cause du peu de viande qui s'y débite.

Foires et marchés. — Il y a, au Carla, trois foires par an : la première, le 1er mai; la seconde, le 24 juin; la dernière, le 18 octobre. Les marchés se tiennent le mardi de chaque semaine (2). Ces foires et marchés sont quasi-

---

(1) Roger-Bernard II, comte de Foix (1223-1241). — Gaston II (1316-1344).— Archambaud de Grailly, captal de Buch, époux d'Isabelle ou Elisabeth de Foix, sœur de Mathieu de Castelbon, était le père de Jean, qui devint comte de Foix en 1413. Il s'agit vraisemblablement ici d'une sœur d'Archambaud et non de la sœur de Jean qui n'avait que des frères au nombre de quatre. — Cet engagement, selon Castillon d'Aspet, semblerait avoir une toute autre cause. Archambaud aurait donné 200 livres de rente au vicomte de Couseran pour le soutenir dans sa lutte contre le roi de France au sujet de la succession du comté de Foix. Ne serait-ce pas pour ce motif que le comte de Foix aurait engagé la terre du Carla ?

(2) Aujourd'hui, les foires du Carla, qui sont très renommées, se tiennent

délaissés et d'aucune utilité à la communauté, ils ont été confirmés par lettres patentes du feu roi d'heureuse mémoire, à Paris, en août 1612.

Lause. Fouage. — Le roi ou son fermier prend au Carla le droit de lause, qui consiste en 3 mesures de blé et 3 de millet, payables à la Toussaint par chaque habitant qui tient du bétail de labourage, avec telle condition que ceux qui laboureut avec vaches, chevaux et juments, ne payent que demi-lause; ceux qui se servent de bœufs ou ânes payent l'entier lause. Celui qui ne laboure que demi-carterée de terre paye autant que celui qui posséderait vingt paires de labourage. A ce sujet, on dit en termes vulgaires au Carla que : *qui rego double fara, lause pagara* (1). Cependant, la première année où l'on dresse le bétail du labourage, on n'est tenu de payer que 3 mesures de millet; et lorsque les bêtes sont dressées, on paye alors le blé et le millet. De même, dans le cas où un habitant délaisserait le labourage, il ne devrait payer que le blé, la dernière année. Ils payent aussi le fouage de sept en sept ans, comme le reste du comté, et suivant les mandes qui leur sont envoyées par les trésoriers du pays.

Epanchement du sang. — Le baile ou fermier de Sa Majesté prend 24 sols, chaque fois qu'il y a du sang versé.

Banalité. — Sa Majesté possède les fiefs des moulins à vent qui sont au nombre de quatre et deux *molles* ou scieries, détruits pendant les troubles et qui n'ont pas été rebâtis. Ils font annuellement à la Toussaint, au baile ou fermier du roi, 12 sols; ensemble 18 sous monnaie courante; en outre, ils payent la taille comme biens encadastrés et ruraux.

Gentilshommes. Mainmorte. — Noble François de Serre, sieur de Mansac, possède une métairie et diverses pièces, dites Saint-Manchin (2), où il prétend y avoir 25 seterées nobles et dont il ne paye pas la taille.

le 13 janvier, — 5 février, — 10 mars, — 5 avril, — 2 mai, — 25 juin, — 25 juillet, — 28 août, — 21 septembre, — 18 octobre, — 19 novembre, — 31 décembre.

(1) Lisez : *qui rego doublo fara, lauso pagara.*

(2) Ferme actuelle de Saint-Marchens.

Les consuls ne savent pas si cette noblesse est bien ou mal établie. Les dames religieuses des Salenques possèdent dans la juridiction du Carla une métairie dite de Montginaud (1) et de la contenance de 40 seterées environ. Elles *présupposent* que ce bien est noble et refusent d'en payer la taille, bien qu'encadastré ; elles disent qu'il est de l'inféodation du couvent. En outre, ces religieuses ont une pièce de 12 seterées environ Atrémons ou Fichaire ; une autre à la rivière de Cabanac, dite de las Monges (2), et contenant 15 seterées ; elles ne payent pas la taille.

Les consuls confirment les déclarations qu'ils viennent de faire sans y rien changer.

CASTEX (3).

L'an 1672 et le 25 novembre, dans la ville de Pamiers ; par devant M⁰ Pierre Darassus..... ont comparu les sieurs Arnaud Pailhés, premier consul et Bertrand Cathala, députés de la communauté de Castex, en vertu de la délibération du conseil du 22 courant.

Déclaration des députés :

Etendue du Consulat. — Le lieu de Castex est un petit village composé de cinquante et tant de petites maisons ; fermé de murailles ou parois en mauvais état et pourvu d'une porte. Il confronte : au levant, le Carla ; midi, le terroir de Daumazan ; couchant, Labastide-de-Besplas ; aquilon, les terres de Méras et Sieuras.

Justice. — La justice est exercée par les consuls au nom du roi. Pour le criminel, ils sont assistés d'un assesseur qu'ils envoyent chercher, et jugent jusqu'à toute peine afflictive et à mort ; les appels vont au parlement de Toulouse. Les consuls ont la justice civile jusqu'à 3 livres ;

(1) Ferme actuelle de Montginaud, non loin et à l'est du Carla.
(2) Cabanac est un petit hameau de la commune du Carla.
(3) Castex, commune de 400 habitants, canton du Mas-d'Azil, arrondissement de Pamiers.

ils connaissent aussi de la police, suivant les ordonnances.

Consuls. — Il y a deux consuls qui portent la livrée rouge et noir : ils sont élus et assermentés par les anciens consuls.

Greffe. — Le greffe appartient au roi ; il n'y a point de sceau.

Baile. — Il y a un baile placé par les fermiers du roi et le seigneur de Rabat ; il est payé par Sa Majesté et le seigneur.

Prisons. — Il n'y a pas de prisons ; les prisonniers sont remis entre les mains du baile du roi et les consuls ne sont pas tenus de les faire conduire ailleurs.

Lods et ventes. — Le droit de lods et ventes se paye de douze, un, pour les aliénations ; rien pour les échanges.

Pour l'épanchement du sang, on paye 50 sols, moitié au roi et moitié au sieur de Rabat.

Communaux. — Il y a une petite pièce herme (1), avec un lac au milieu et une fontaine à chaque bout ; elle contient environ deux mesures de terre. L'usage en est entièrement aux habitants pour y puiser de l'eau et pour le passage des vignes.

Banalité. — Il y a une forge pour les instruments aratoires, qui est servie par Jean Dasped ; il paye un demi-setier de blé à chaque seigneur ; au roi et au sieur de Rabat. Les habitants ont la faculté d'avoir un four dans leurs maisons pour leur usage.

Péage. — Le droit de péage appartient au roi.

Censives et oublies. Fouage. Lause. Albergue. — Le roi prend au lieu de Castex 2 sols, 3 deniers et demi-poule par maison ; une pinte de vin par chaque vigneron mercenaire ; 2 boisseaux de blé et 2 de millet pour chaque habitant qui tient une paire de labourage et moitié moins pour ceux qui labourent avec des chevaux. Ils payent tout cela à la Toussaint, et le fouage de sept en sept ans. — L'albergue se paye annuellement 14 livres, 8 sols. — Le

(1) *Herme*, c'est-à-dire inculte.

seigneur de Rabat prend seulement la moitié d'une poule par maison.

Poids et mesures. — Pour l'aunage, les poids et mesures, ils se conforment aux villes circonvoisines, où il y a foires et marchés.

Les habitants de Castex ont la faculté de chasser et pêcher, et d'avoir des pigeonniers, garennes et viviers.

Les consuls font la visite des chemins par ordre des Etats.

Garde. — Tous les habitants ont soin de garder le lieu de Castex.

Secrétaire. — Il n'y a pas de secrétaire; lorsqu'ils ont besoin de retenir les délibérations du conseil, ils envoyent chercher un notaire, auquel ils payent le voyage.

Portes. — Les consuls commettent un portier auquel ils donnent 2 livres de gages.

Maison de ville. — Il n'y a point de maison commune, le conseil s'assemble devant l'église du lieu.

Les députés de la communauté disent ensuite maintenir les déclarations qu'ils ont faites.

CHATEAU-VERDUN (1).

L'an 1671 et le 17 décembre, au lieu des Cabannes, en Foix, diocèse et sénéchaussée de Pamiers; par devant M⁰ Pierre Darassus et Jean Bastard; ont comparu les sieurs Jean Pellofy; Jeanot Serene, Raymond Allazeit, consuls de Château-Verdun; assistés de Jean Garenaus, jurat de la baronnie; agissant en vertu de la délibération du conseil du 27 septembre.

Déclaration des consuls :

Etendue de la seigneurie. — La baronnie de Château-

(1) Commune de 125 habitants, canton des Cabanes, arrondissement de Poix. — Les limites indiquées plus loin par les consuls, nous montrent l'étendue considérable de cette châtellenie dont le territoire allait du pic de Sabinia et de la Redorte sur les frontières d'Andorre, au pic de la Lauzate, dans la montagne de Tabe, près de Tarascon.

Verdun est composée de dix villages, petits et misérables. Il n'y en a aucun de muré ni fermé et ils se trouvent dans les montagnes du pays de Foix; ce sont : Château-Verdun, les Cabannes, Albiès, Aston, Larcat, Verdun, Aulos, Sinsat, Bouan, Pech (1). — Ils ont toujours fait un seul et même corps sous le nom de baronnie de Château-Verdun; à l'exception de la justice et de la forêt du lieu d'Aston, distinctes de la baronnie et qui sont au seigneur baron de Gudanes, comme seul seigneur d'Aston, au moyen des achats qu'il a faits au vicomte de Couseran. — Les limites de la baronnie sont de Labail d'Aston, qui tire en Andorre (2), jusqu'au port de Fontargente (3), à la Monjoie; de la Pique ou Pas de morue à Jean Plan, tout eau versant vers la baronnie (4); touchant les limites de Sabinia (5), al col de la Redorte (6), et confrontant les montagnes du seigneur de Luzenac. De là à Guisargues, tout eau versant vers la baronnie, et confrontant les terres du seigneur de Cazaneuve, seigneur d'Urs (7); de là, al cap de la coume de Varilhes (8), toujours eau versant vers la baronnie; confrontant les terres du lieu de Siguer; à lory del roc (9), tout eau versant; confrontant

(1) Les Cabanes, 480 habitants, chef-lieu de canton, arrondissement de Foix. — Albiès, commune de 430 habitants, canton des Cabanes. — Aston, 500 habitants, canton des Cabanes. — Larcat, 500 habitants, même canton. — Verdun, 600 habitants, même canton. — Aulos, 110 habitants, même canton. — Sinsat, 180 habitants, même canton. — Bouan, 190 habitants, même canton. — Le Pech, 150 habitants, canton des Cabanes.

(2) Labail ou Lavail est un hameau de la commune d'Aston, dans la vallée et au bord de la rivière du même nom. — *Qui tire en Andorre;* c'est-à-dire, qui va vers...

(3) Port ou col de Fontargente dans la vallée d'Aston. — Le pic de Fontargente mesure 2820 mètres au-dessus du niveau de la mer.

(4) La limite de la baronnie suit la crête des montagnes, et par conséquent la ligne de partage des eaux. L'emploi de ces mots : tout eau versant vers la baronnie, est donc inutile.

(5) Probablement le pic de la Sabine.

(6) Le col de la *Redorte* se trouve à côté du pic d'Espaillat sur la rive droite de la rivière d'Aston.

(7) Commune de 170 habitants, canton des Cabanes.

(8) Le pic de ce nom, dans le massif Pyrénéen, mesure plus de 2000 mètres.

(9) *Lory* ou *l'horry* est un mot qui désigne dans la montagne, un lieu où l'on trait les brebis et où l'on fait le fromage.

la seigneurie de Miglos et allant vers le lieu de Larnat.

Les limites vont jusqu'à Viallac et aux Estagnolles; de là à col Talliat (1), tirant toute serre (2), et confrontant les terres de Miglos (3); puis de la Caunié de Pradières à la font de la Mandre, à la Blanque; al cap de la rive de Prat Rousil (4), al clot; de là à la Izarne et al pas des Gres (5), jusqu'à la comme des sanils (6), suivant le ruisseau dit Rieuvido; confrontant avec Laragouse, les terres de Miglos et de Siguer. — Vers Tarascon, la limite va jusqu'à environ huit pas au-dessous de la croix de Bouan, où il y a une pierre enterrée; de là, passant d'Ariège, elle va droit au ruisseau qui descend de Lugeat, tout eau versant, al roc de Lory, al trauc delrat, droit al planel de la Croux, confrontant les terres du village de Cazaneuve; de là, al clot de la beillé, à la tirgate, al roc et termini de la Lauzate (7), à la croux de Monfourcat, à la font de l'Aston, droit à l'Estagnolles, tout eau versant vers la baronnie. — De là, la limite va à la font de la galine (8), droit de tartié en tartié ou monécans de pierres (9), le long de la comme de Bourtoulou, à la font cousinal, à Pech Castellias (10), à Peyres-juntes (11), droit à la rivière de l'Ariège; confronte le dimaire de

(1) C'est-à-dire, passage taillé dans la montagne.

(2) *Tirant toute serre...* signifie, suivant la montagne.

(3) Miglos, commune de 1050 habitants, canton de Tarascon, arrondissement de Foix.

(4) *Prat rousil*, pré où la nature argileuse du sol donne à la terre une couleur rousse.

(5) *Pas des gres*; passage des degrés; le mot doit s'écrire *degres*, de *gradus*.

(6) *Come des sanils*, val des serins.

(7) *Termini*, de terminus, terme, borne. — Le pic de la Lauzate dans la montagne de Tabe, à l'est de Tarascon et au nord-ouest du Saint-Barthélemy.

(8) *Font de la galine*, fontaine de la poule.

(9) Le mot *tartié* dérive vraisemblablement de *tarterium* que Ducange donne comme synonyme de quarterium, quartier de pierre. Aujourd'hui, dans le patois du pays, l'expression *tartè* désigne un grand amas de pierres entassées par le fait de la nature.

(10) Le terme de *castellias* semble indiquer qu'un château a peut-être existé sur ce pic.

(11) *Peyres-juntes*, pierres jointes, réunies.

Vèbre (1), passe la rivière, va au ruisseau de la Gargante; de là al Clot, à la serre de Pereys, à Guisargues, à Py-Barlam et allant vers Andorre. — Toutes les
eaux, montagnes et forêts, enclavées dans ces limites,
appartiennent à la baronnie.

Justice seigneuriale. — La justice haute, moyenne et
basse de la baronnie appartient au roi et au baron de
Gudanes. Le roi a les quatre parties sur douze, ce qui
fait le tiers; les deux tiers sont au seigneur de Gudanes.
De temps immémorial, la justice est exercée par les officiers commis par les coseigneurs : un juge, un lieutenant,
un procureur et un baile. Ils sont créés alternativement en
proportion de la part de justice des seigneurs. Les appels
de leurs jugements au civil ressortissent au sénéchal de
Foix, à présent à Pamiers; pour les causes criminelles,
en cas de condamnation à mort, les procédures sont ap-
portées et les condamnés conduits de suite au parlement
de Toulouse. — Me Paul Tinier est juge; Me Paul Renalié,
procureur au sénéchal de Pamiers, sert de lieutenant;
Me Pierre Faure est procureur juridictionnel.

Greffe. — Le greffe de la baronnie appartient aux coseigneurs en proportion de leur part de justice. Le greffier est Me Arcis Larrue.

Baile. — La baillie s'afferme en faveur des coseigneurs
qui en prennent le revenu proportionnellement à leur
part de justice. Aujourd'hui, le baile Guilhem Buc ne
paye rien, car les émoluments ne sont pas considérables.

Amendes; confiscations; épanchement du sang. — Le
roi et le seigneur de Gudanes prennent et se partagent
5 livres pour l'épanchement du sang. Ce droit, de même
que les amendes et confiscations prononcées par le juge
du lieu est partagé proportionnellement entre les seigneurs. — L'épanchement du sang, les amendes et confiscations du lieu d'Aston appartiennent en seul au baron
de Gudanes.

Sceau. — Il n'y a point de sceau, le greffier met seu-

(1) *Vèbre*, commune de 390 habitants, canton des Cabanes, arrondissement de Foix.

lement au dos des actes qu'il expédie la main pour le
sceau (1); il ne prend pour cela aucun salaire.

Bois et forêts. — Les montagnes, bois et forêts de la
baronnie appartiennent un tiers au roi et les deux tiers
au baron de Gudanes. Ils prélèvent, chacun proportionnellement, le droit de pacage, qu'on appelle forestage,
sur le bétail étranger. Les habitants de la baronnie ont la
faculté de couper dans les bois, du bois pour la construction et le chauffage et pour leurs harnais aratoires. Dans
les montagnes, ils ont le droit de faire paître leurs bestiaux sans rien payer au roi ni au baron de Gudanes. Le
quartier des bêtes fauves et rousses, prises dans les montagnes de Château-Verdun, appartient, un tiers au roi,
deux tiers au seigneur de Gudanes. Le quartier de celles
que l'on prend dans la juridiction d'Aston appartient en
seul au baron de Gudanes.

Château. — Il y a, sur un rocher, les masures d'un
vieux château appelé de Leudre, qui appartient en commun aux coseigneurs.

Banalité. — Il y a un moulin à blé en mauvais état,
dont un tiers est au roi et deux tiers au seigneur de Gudanes. Le moulin de Sinsat appartient en seul à Sa Majesté qui l'a donné en fief pour le quart des revenus. Le
roi prend aussi seul 12 livres pour le fief de la forge du
moulin à scier de Sirbail, des mains du sieur Fabas
de Siguer; et 5 livres pour celle de Selarans, à présent
démolie, payables à feu Mouilhères, de Foix. Tous ces
droits, bien que se trouvant dans la baronnie, s'afferment
au profit du roi, 200 livres par an, avec le reste du domaine, à l'exception des fiefs des deux forges et moulin
à scier ci-dessus mentionnés et qui sont payés séparément
au fermier.

Fouage. Don gratuit. — Sa Majesté prend annuellement le don gratuit que les Etats du Pays lui font : sur
les feux comtals, qui sont au nombre de trois; 3 livres
13 sols 6 deniers par feu, et la moitié des feux gentils,
qui sont au nombre de cinquante-sept. L'autre moitié de

---

(1) *La main pour le sceau...* c'est-à-dire , la signature.

ces derniers feux appartient au seigneur de Gudanes pour
les paréages de Gudanes, Goirans, Vernajoul et Luzenac.
La communauté paye aussi aux coseigneurs le fouage de
sept en sept ans, conformément aux mandes envoyées
par les trésoriers.

Gentilshommes. Biens de mainmorte. — L'abbé de
Foix, le prieur de Verdun et le commandeur de Capoulet
prennent quelque censive à Château-Verdun. Le baron
de Gudanes jouit à présent des censives des abbé, prieur
et commandeur, qu'il a achetées depuis longtemps. Il n'y
a d'autre seigneur que le baron de Gudanes qui possède
noblement comme ses auteurs, le château de Gudanes (1)
et ses dépendances, les moulins à blé et les forges à fer
de la baronnie. Il a de plus le moulin de Sinsat à trois
meules qu'il a acquis de celui à qui le roi l'avait baillé en
fief et dont Sa Majesté prend le quart des revenus. Il
possède encore une tour démolie, appelée Vernejoul, avec
les biens nobles qui en dépendent.

Consuls. — Il y a trois consuls qui ne portent aucune
livrée. Ils sont créés chaque année le dimanche avant la
fête de Saint-Jean-Baptiste par les jurats de la baronnie (2), au nombre de vingt-quatre et à la pluralité des
voix. Les jurats nomment six hommes capables de remplir la charge de consul ; ils les présentent ensuite, une
année au juge ou lieutenant du roi et deux années au
seigneur de Gudanes, qui choisissent, à leur tour, trois
de ces six hommes pour être consuls. Les vingt-quatre
jurats de police, à mesure qu'ils sont créés, et les consuls prêtent serment entre les mains du juge ou du seigneur.

Justice consulaire. — Les consuls n'ont aucune justice.
Quand il s'élève entre les habitants de la baronnie quelque

---

(1) Des constructions modernes ont remplacé le château féodal de Gudanes, qui était assis sur un rocher au confluent de l'Ariége et de l'Astou.

(2) Les jurats étaient, dans certaines provinces, des officiers municipaux
établis par les consuls dans les localités dépendantes de leur consulat. Cette
institution ne se rencontre en aucun lieu du pays de Foix. Ici, le nom de
jurats désigne les membres du conseil politique, appelés communément
conseillers.

contestation au sujet de bornes et limites de leurs terres et de chemins, les consuls avec le baile commun, le greffier et certains prud'hommes qu'ils appellent, ont la faculté de se transporter sur les lieux en litige. Après avoir ouï sommairement les parties et pris connaissance du fait, ils peuvent régler le différend et remettre leur ordonnance au baile pour l'exécution. Si les parties ne veulent pas s'en rapporter à la sentence des consuls, ils peuvent se pourvoir devant le juge qui a le droit de confirmer ou de réformer l'ordonnance des consuls.

Greffe. — Tous les ans, après leur nomination, les consuls choisissent un greffier qui leur sert de secrétaire.

Maison de ville. Prisons. — Il n'y a point de maison de ville, les assemblées se tiennent chez un consul ou chez le greffier. Les prisons ont toujours été et sont encore dans le château de Gudanes.

La communauté est appelée aux Etats généraux où elle a rang et trois délibérateurs (1).

Les habitants ont le droit d'usage dans les montagnes, forêts et pâturages sans aucune redevance. Ils peuvent extirper et ouvrir les terres hermes et vacantes (2) sans payer aucun droit ni la taille, mais seulement la dîme en faveur de l'Eglise.

Les habitants de la baronnie ont la faculté d'avoir chez eux des fours pour cuire leur pain et des poids et mesures légitimes pour leur usage particulier.

Police. — Les consuls ont, selon la coutume, le droit d'élire annuellement un ou plusieurs prud'hommes pour régler le prix du pain, de l'huile, du sel, de la viande et du vin qui se vendent dans la baronnie; ils prêtent serment entre les mains du baile. Les consuls peuvent aussi nommer des forestiers pour empêcher le bétail étranger

---

(1) Les Etats de la province de Foix étaient présidés par l'évêque de Pamiers. Ils comprenaient les abbés de Foix, Boulbonne, Mas-d'Azil, Lézat et Combelongue; le comte de Rabat, les barons de Saint-Paul, d'Arignac et de Durfort et cinquante-six seigneurs. Le tiers état était représenté par vingt villes en tête desquelles étaient Foix, Mazères, Tarascon, Saverdun, Pamiers, et vingt-cinq bourgs ou villages.

(2) C'est-à-dire défricher et labourer des terres incultes.

de paître dans les debès (1) et lieux prohibés. En cas de contravention, ils font payer l'amende qu'ils ordonnent en faveur du baile; les coseigneurs ne peuvent, dans aucun cas, permettre aux étrangers de laisser paître leurs bestiaux dans les lieux prohibés ni dans les terres labourables, prés et vignes des particuliers. Lorsqu'il y a du bétail malade de maladie contagieuse, *qui se communique*, les consuls ont le pouvoir d'indiquer un lieu pour y faire paître les bestiaux malades, avec défense de les en faire sortir.

Péage. — Il y a un bureau de foraine établi par le roi qui en prend seul le revenu.

Lods et ventes. — Quand un bien qui relève de la directe du roi est décrété, et le décréliste en possession, ou s'il est vendu, les fermiers du roi prennent le droit de lods et ventes, de douze, un. Si le lieu est de la directe du seigneur de Gudanes, c'est ce dernier qui prend ce droit, à raison de douze, un.

Sergent. — Les habitants ont un sergent, sans autres provisions que l'ordonnance de réception que le juge lui fait expédier; le même sert pour le lieu d'Aston.

Les consuls de Château-Verdun déclarent n'avoir rien à ajouter.

———

CLERMONT (2).

L'an 1672 et le 15 novembre, dans la ville de Pamiers, par devant M⁰ Pierre Darassus, avocat en parlement..... ont comparu les sieurs Jean-Pierre Roger, consul, et Jean Bonnefame (3), députés de la communauté, agissant en vertu de la délibération du conseil du 15 novembre.

Déclaration des députés :

Seigneurie. — Clermont de Durban dépend de l'abbaye du Mas-d'Azil; le roi en est seigneur en paréage avec

———

(1) Le *debès* était un lieu prohibé que le seigneur se réservait soit pour la chasse, soit pour y faire paître ses bestiaux.

(2) Clermont, commune de 380 habitants, canton de Saint-Girons.

(3) Jean Bonnefame, de *bona fama* : bonne réputation.

l'abbé, dont la part est possédée par le marquis de Foix (1).

Etendue du consulat. — Clermont est dans le diocèse de Rieux et la sénéchaussée de Pamiers. Son étendue est d'un quart de lieue de long et autant de large; la communauté confronte : au levant, le Mas-d'Azil; midi, Durban et Riumont (2); couchant, le lieu de Lescure (3) et Camarade; septentrion, Camarade et le Mas-d'Azil.

Consuls. — Il y a deux consuls catholiques sans chaperon ni robe. Ils prêtent serment par devant le marquis de Foix, ou celui qui possède le droit de l'abbé. Les consuls sont créés par le conseil du lieu. Il n'y a point de limite pour les conseillers, y entre qui veut.

Justice. — La justice est exercée par les consuls au nom du roi et de l'abbé. Les consuls ont l'entière police, la justice civile jusqu'à 3 livres et la criminelle jusqu'à mort.

Greffe. — Le greffe appartient moitié au roi, moitié à l'abbé; il n'y a point de sceau.

Baile. — Il n'y a qu'un valet qui sert de sergent.

Lods et ventes. — Le droit de lods et ventes est au denier douze, moitié à l'abbé, moitié au roi.

On paye pour l'épanchement du sang, 5 livres, moitié au roi et moitié à l'abbé ou à celui qui occupe pour lui.

Confiscation. — La confiscation appartient au roi et à l'abbé.

Banalité. — Il y a trois moulins sur le ruisseau de Pujol; ils ne sont pas baniers [banaux]. Ils appartiennent, l'un au marquis de Foix, qui fait 36 sols de fief, moitié au roi et moitié à l'abbé; l'autre à Michel Vergé, qui paye 36 sols par moitié au roi et à l'abbé; le dernier est possédé noblement par M. Lagrausse.

---

(1) Il s'agit ici de Jean Roger, marquis de Foix, qui fut fait, cette même année (1672), gouverneur de Foix; il était petit-fils du second enfant mâle de Georges de Foix, comte de Rabat, lequel descendait de l'illustre maison de Foix par son ancêtre, Loup de Foix, bâtard de Gaston Iᵉʳ.

(2) Riumont, aujourd'hui Rimont, commune de 1810 habitants, canton de Saint-Girons.

(3) Lescure, commune de 1520 habitants, canton de Saint-Girons.

Gentilshommes. Biens de mainmorte. — Le sieur de Lagrausse fait hommage au roi pour une *paire de gants*; ils ignorent la contenance des biens nobles qu'il possède dans la juridiction.

Censives et oublies. — On paye les censives moitié au roi, moitié à l'abbé; les députés ne savent combien par seterée, car ils ne connaissent pas la teneur des livres du fermier du roi et de l'abbé.

Poids et mesures. — Ils se conforment aux poids et mesures de la ville de Pamiers.

Les habitants ont eu de tout temps la faculté de chasser et pêcher, et d'avoir des pigeonniers, garennes et viviers.

La visite des chemins se fait par les consuls sur l'ordre des Etats.

Garde. — Tous les habitants doivent garder le lieu de Clermont.

Secrétaire. — Les consuls peuvent élire tel secrétaire que bon leur semble.

Maison de ville. — Il n'y a pas de maison commune; le conseil s'assemble à un chemin public.

Les députés disent ensuite n'avoir rien à ajouter.

CUBIÈRES (1).

L'an 1673 et le 23 avril, dans la ville de Pamiers, par devant M° Pierre Darassus..., a comparu Blaise Coully, faisant pour tout le corps de la communauté de Cubières, sans autre délibération que le seul pouvoir a lui donné par les habitants, n'ayant dans ledit lieu jamais fait aucune délibération.

Etendue du lieu. — Le lieu de Cubières a un demi quart de lieue de long et .... de large; il confronte de

(1) Cubières est aujourd'hui une métairie de la commune de Montégut; canton de Varilhes.

levant, le village de Larivière et de Rieu (1); midi, de même; couchant, la juridiction de Montaut (2) et aquilon, les juridictions de Pailhès et Monesple (3).

Seigneurie. — Le roi est seul seigneur haut, moyen et bas, foncier et direct.

Justice. — La justice est exercée par le sénéchal ou présidial de Pamiers.

Consuls. — Il n'y a ni consuls, ni greffe, ni sceau.

Baile. — Il y a un baile qui est le fermier. Quand il y a un dégât, ils le retirent au fermier comme baile pour leur bailler des experts pour juges.

Prisons. — Il n'y a pas de prisons, et quand il y a des prisonniers, ils ont la faculté de les tenir vingt-quatre heures dans un lieu assuré.

Lods et ventes. — Le droit de lods et ventes se paye au roi à raison de douze, un; et il ne se paye rien pour les engagements.

Epanchement du sang. — L'amende pour l'épanchement du sang appartient au roi, et se paye 50 sols.

Confiscation. — La confiscation, en cas de crime ou condamnation, appartient au roi.

Il n'y a ni bois, ni vacants, ni droits de leude, péage ou pontanage,

Gentilshommes. Biens de mainmorte. — La demoiselle de Cardonne, habitante de Saint-Girons, possède une métairie noble et a entrée aux États; elle contient environ 100 seterées, tout contigu.

Censives. — De tout temps, ils n'ont payé pour le lieu de Cubières que 5 sols l'an.

Poids et mesures. — Les poids et mesures du vin sont semblables à ceux de Pamiers.

(1) Le hameau de Larivière se trouve dans la commune de Montégut. Il n'existe point dans les environs de Cubières une habitation ou un hameau du nom de Rieu.

(2) Il s'agit ici de Montégut que l'on prononce dans le pays Montaüt et qui a été écrit d'après la prononciation vulgaire. Montégut est une petite commune du canton de Varilhes.

(3) Pailhès : commune de 960 habitants, canton du Fossat. — Monesple, commune, 160 habitants, canton du Fossat, arrondissement de Pamiers.

Il n'y a point de privilège pour la chasse, pêche ou autre chose.

La visite des chemins est faite par M. Teynier, qui a l'office de M° Dupas.

Garde. — Ce sont les habitants qui, en temps de guerre, gardent le lieu de Cubières.

Maison de ville. — Il n'y a aucune maison de ville; lorsqu'ils s'assemblent, ils ne sont que cinq ou six habitants dans ce lieu, qui délibèrent sur les affaires du lieu, sans écrire aucune délibération.

DAUMAZAN (1).

L'an 1672 et le 25 novembre, dans la ville de Pamiers, par devant M° Pierre Darassus, avocat en parlement..., ont comparu les sieurs Pierre Blaja, consul, et François Miramont, députés de la ville de Daumazan, en vertu de la délibération du conseil du 22 courant.

Les députés ont fait les déclarations suivantes:

Etendue du consulat. — La ville de Daumazan, sise sur la rivière de l'Arise (2), est située dans le comté de Foix, Gaule Narbonnaise, régie par le droit écrit; elle s'est toujours maintenue dans le privilège du franc alleu (3) roturier. De cette ville dépend un *masage* au hameau, dit

(1) *Daumazan* est une commune de 1160 habitants, canton du Mas-d'Azil, arrondissement de Pamiers. — Les armes de la ville sont : d'or, au chevron abaissé de gueules.

(2) Cette rivière, dont le cours est de 75 kilomètres, prend sa source dans les montagnes du Cap-Long au sud d'Esplas et de Sentenac de Sérou. Elle baigne Labastide-de-Sérou, le Mas-d'Azil, où elle traverse la célèbre grotte de ce nom; Sabarat, les Bordes, Campagne, Daumazan, Labastide-de-Besplas; puis elle entre dans la Haute-Garonne où elle passe à Montesquieu-Volvestre et à Rieux, et va se jeter dans la Garonne entre Salles et Carbonne.

(3) On distinguait deux sortes de franc-alleu : le franc-alleu noble et le franc-alleu roturier. Le premier est celui qui avait justice, fief ou censive. Le second n'avait aucune de ces qualités; mais il était seulement exempt de toute redevance.

le Barraquà (1). — La juridiction de Daumazan confronte au levant, les terres du Carla et de Campagne ; midi, les terres de Campagne, la ville et seigneurie de Montbrun ; couchant, Labastide-de-Besplas ; aquilon, Castex. Cette juridiction a de tous côtés demi-quart de lieue environ d'étendue ; elle contient deux mille sept cent quinze seterées de terre et deux cents maisons, environ.

Seigneurie. — Les habitants de Daumazan ont toujours reconnu le roi pour leur souverain seigneur justicier haut, moyen et bas. Messire François de Roquefort, seigneur de Viviès, est coseigneur haut, moyen et bas justicier en paréage avec Sa Majesté, comme il le justifie par arrêt du parlement de Toulouse. Le comte de Rabat et l'abbé de Calers (2) prétendent avoir quelque droit de directe sur la juridiction. Les consuls ne savent quels droits ils revendiquent, ni en quel lieu de la juridiction ils sont ; ils le déclarent seulement pour ne frustrer les droits de personne.

Consuls. — Il y a quatre consuls qui ne portent que le chaperon rouge et noir. Ils sont créés le dimanche avant la fête de Saint-Jean-Baptiste selon la coutume. Les consuls sortant choisissent huit hommes capables d'exercer la charge, les conseillers politiques donnent ensuite leurs suffrages à quatre de ces huit hommes qui sont nommés consuls. Ils ont chaque année l'entrée aux Etats du pays de Foix. Ils prêtent serment le jour de Saint-Jean-Baptiste par devant le seigneur de Roquefort ou, en son absence, par devant le substitut du procureur du roi.

Justice. — Les consuls exercent la justice assistés d'un assesseur au nom des coseigneurs. Ils ont la justice criminelle par prévention avec le sénéchal de Pamiers (3), et les appels vont au parlement de Toulouse. Les consuls ont la justice civile jusqu'à 3 livres 5 sols, et leurs

(1) Ce hameau se trouve à l'extrémité nord-ouest de la commune de Daumazan.

(2) L'abbé prélevait à Daumazan 7 sols, 6 deniers d'oblies ; ce droit, du reste, lui était contesté. (Voy. *L'abbaye de Calers*, du même auteur.)

(3) Par *prévention*, c'est-à-dire de préférence.

appels ressortissent au sénéchal et présidial de Pamiers. Ils ont aussi la police.

Greffe. — Le greffe appartient au roi ou à ses fermiers; il est affermé par an, 50 ou 60 sols. Il y a un sceau aux armes du pays de Foix, dont se servent les consuls pour leurs actes judiciaires.

Baile. — Il y a un baile placé par les fermiers du roi, et qui exploite les actes de justice qui émanent tant de la cour des consuls que des autres cours. Les consuls ont un valet pour faire les criées et proclamations nécessaires.

Prisons. — Il n'y a pas de prisons; lorsqu'un malfaiteur est arrêté, les consuls l'enferment dans une des tours de la ville, qui est à un coin; pour cela, ni eux, ni le baile ne prennent aucun émolument.

Lods et ventes. — Les coseigneurs ou leurs fermiers prennent le droit de lods et ventes qui se paye, de douze un, par l'acquéreur, moitié moins pour les engagements, et pour l'argent du retour des échanges, sur le pied de douze, un. Ce droit est partagé entre les fermiers des coseigneurs.

Confiscation. — La confiscation se divise par moitié entre le roi et le seigneur paréager.

Bois et forêts. — Il n'y a qu'une brougue, appelée communément Laplagne (1), d'une contenance de quatre-vingt ou cent seterées environ. Les habitants ont eu, de tout temps, la faculté d'y faire paître leurs bestiaux et d'y couper de la brougue; pour cet usage, ils payent aux fermiers, tous les ans, un franc d'or et une livre de poivre, le tout évalué à 48 sols.

Banalité. — Il y a à Daumazan un four banal, où tous les habitants sont tenus de venir faire cuire leur pain et de payer pour la *coction* de chaque setier de blé, ou pain en provenant, deux petits pains qui peuvent valoir 3 ou 4 sols. Ceux qui résident dans les métairies ou au masage de Barraqua, payent au comte de Rabat et à M. de Viviès ou à leurs fermiers, ce qui est convenu entre les habi-

---

(1) Le mot *brougue*, en patois, signifie bruyères. — Il existe deux métairies du nom de Laplagne, dans la commune et à l'ouest de Daumazan.

tants et les fermiers, eu égard au nombre des personnes
des familles et de leur commodité. Plus de la moitié du
revenu de ce four appartient au comte de Rabat et à M. de
Viviès ; le reste est à la communauté, et elle doit faire
servir le four, donner la place, le réparer et fournir le
bois nécessaire pour le chauffage. Les réparations en sont
considérables et les coseigneurs n'y contribuent pas. Le
revenu de la communauté peut être évalué annuellement
40 ou 50 écus environ. Dans la juridiction, il y a deux
moulins fariniers sur la rivière de l'Arise, l'un touchant
les murs de la ville, l'autre dit de Lacanal ; le roi ou ses
fermiers ont un quart de chaque moulin. La communauté
possède la quatrième partie des moulins, et les deux
quarts ou l'autre moitié appartiennent au seigneur de
Roquefort. Le revenu de la communauté est, par an, de
100 à 120 livres environ, qui ne suffit pas pour l'entretien des moulins et des paissières (1) qui sont considérables et de très grands frais. Ces moulins ne sont pas
banaux, et les habitants de la ville et de la juridiction
peuvent aller moudre leur grain où bon leur semble. Le
droit de mouture se prend à raison de trente-deux boisseaux, un ; selon l'ancien usage.

Leude. Bannage. — Le péage ou leude de la ville
appartient au roi et au coseigneur, savoir : trois parties,
les cinq faisant le tout, au roi, et les deux autres au coseigneur ; ce droit est affermé en tout 25 livres. Les jours
de foire seulement, les consuls font payer le droit de
bannage ou taulage des marchandises qui sont expo-
sées en vente dans la ville. Ce droit doit valoir pour
toutes les foires 50 ou 60 sols, lequel n'est pas suffisant
pour faire les réparations aux bancs, tables, *étans* et
aux *mesures bladières* qui sont sous le couvert de la
place.

Pontanage. — Il y a deux ponts, l'un sur l'Arise, l'autre sur le ruisseau qui vient de Montbrun à Daumazan,
et touchant les murailles de la ville. Ils sont très coûteux
pour la communauté, à cause des inondations fréquentes

(1) De *paxeria*, chaussée.

de l'Arise et du ruisseau. On n'a jamais prélevé de droit sur ces ponts.

Gentilshommes. Biens de mainmorte. — Il y a dans la juridiction quelques biens nobles, possédés par le seigneur de Roquefort, mais dont les consuls ignorent la contenance.

Censives et oublies. Fouage. — Les consuls disent avoir ouï-dire que la censive se payait au roi et au coseigneur à raison de 1 denier toulza pour chaque maison et autant pour chaque seterée de terre comtale, qui est de douze mesures du pays (1). Le droit de fouage se paye au roi ou à son trésorier de sept en sept ans.

Poids et mesures. — On ne se sert pas d'arpent, mais bien de seterée, laquelle contient huit mesures, chaque mesure, quatre boisseaux. La canne est composée de huit pans; et pour la mesure de vin, la pipe contient douze barrals; le barral, dix-huit pots; le pot, quatre ucheaux. Le poids à peser est d'une livre; la livre, de quatre quarts; toute la livre, de seize onces. Le quintal est de cent six livres.

Foires et marchés. — Il y a à Daumazan un marché le jeudi de chaque semaine et quatre foires par an : le jour de Saint-Barthélemy, de Saint-André, la chaire de Saint-Pierre et le mardi après Pâques (2).

Les habitants de la ville et de la juridiction ont, de temps immémorial, la faculté de chasser, pêcher; d'avoir des pigeonniers, garennes et viviers.

Secrétaire. — Les consuls et les membres du conseil politique nomment un secrétaire pour écrire leurs délibérations; ils lui donnent annuellement la somme de 9 livres.

Garde. — Les habitants doivent garder la ville en temps de guerre.

Portes. — Les consuls commettent des portiers pour

---

(1) La seterée comtale devait être d'un tiers plus étendue que la seterée ordinaire qui comprenait 8 mesures.

(2) Les foires sont aujourd'hui : les 10 janvier, — jeudi gras, — jeudi avant la passion, — lundi de Quasimodo, — 12 mai, — 2 juin, — 15 juillet, — 25 août, — 12 et 28 sept., — 25 oct., — 1er décembre.

ouvrir et fermer les portes de la ville ; chacun d'eux reçoit, par an, la somme de 40 sols.

Maison de ville. — La communauté possède une maison de ville qui n'est d'aucun revenu. Elle est en très mauvais état à la suite d'un incendie, et sert pour les assemblées du conseil politique et pour l'école de la jeunesse. Au dessous est la Maison-Dieu ou hôpital, et, à côté, le four banal.

Les consuls, pour le bien de la police, font ce qu'ils peuvent pour ne laisser mesurer aucune espèce de grain, les jours de foires et marchés, avant dix heures.

DONEZAN (1).

L'an 1673 et le 12 août, à Mijanès, pays de Donezan, diocèse d'Alet (2), par devant M⁰ Pierre Darassus... ont comparu les sieurs Jean Mir et Jean Rouan, consuls de Quérigut ; Jean-François Sallette et Marty Montanier, consuls de Rouze et Mijanès ; Germain Plas et Pierre Decros, consuls des *Masiers,* assistés de Pierre Perrin, Jean Gajet, Jean Tichadou, Jacques Rouan, Arnaud Vaquier, Jacques Gallard, Raymond Verniolle, Jean et autre Jean Tichadou, François Mir, Pierre Sommairaq et Pierre Capella, conseillers du lieu de Quérigut ; Jean Tanver-

(1) La terre souveraine de Donezan, qui avait pour capitale Quérigut, était à l'époque de Charlemagne, un pays indépendant et neutre ; il comptait dans ses priviléges le droit d'asile (de Roquelaure, *Le Donezan*). Dès le douzième siècle, le Donezan appartenait à la puissante maison d'Alion ; il passa ensuite, au milieu du treizième, aux comtes de Foix, en vertu d'une transaction par laquelle les seigneurs d'Alion reçurent en échange les château, bourg et vallée de Miglos. Le pays souverain de Donezan fut réuni à la couronne de France par édit du 19 octobre 1620, portant réunion à la couronne, de la Navarre, du Béarn, de l'Andorre et du Donezan (Voy. Isambert, *Recueil des anciennes lois françaises*, t. XVI).

(2) Par une bulle datée d'Avignon, le 18 février 1318, le pape Jean XXII érigea en cathédrale l'abbaye de N.-D. d'Alet, de l'ordre de Saint-Benoît, fondée au neuvième siècle ; et créa l'évêché de ce nom auquel il attribua 80 paroisses et qui subsista jusqu'à la Révolution. Barthélemy, abbé du monastère, fut le premier évêque d'Alet.

nier et Guilhem Tanvernier, Pierre Resplandy, Damien
Sallette, Louys Magdalou, Arnaud Resplandy, Jean et
autre Jean Sallette, Guilhem Pourre, Jean Borie, notaire
et autre Jean Borie, Jean-François Cannet, Marty Borie,
Jean Sallette-Quemenet, Jean Utéza de Narouze, Jean et
Pierre Utéza de la Beuse, Jean Cannet, Verniole, Jean et
autre Jean Montanière et Jean Bompieyre (1), conseillers
et prud'hommes des lieux de Rouze et Mijanès qui font
le consulat de Lavail (2); Jean et Arnaud Mir frères,
Pierre Bastier et Pierre Bastaille, Jean Ranier, Arnaud
Mir, Jean Abbadie, Jacques Pla, Jean Pla, Gratia Gentil,
autre Jean Pla et Jean Gentil, Durand et Jean Petit Bompieyre, François Brandony, Francois Annoullès, Marty
Plas, Pierre et Jean Petit Annoullès, conseillers et pru-
d'hommes des lieux del Puch, Carcanières, Artigues et le
Pla, qui composent le consulat des Masiers; tous ces conseillers composent le conseil général de toute la terre
souveraine de Donezan.

Après avoir rempli les formalités d'usage, les députés
ont fait les déclarations suivantes :

Etendue du lieu. — Le pays souverain de Donezan est
chef de châtellenie et se compose de neuf villages, grands
ou petits : Quérigut, le Mas (3) Carcanières, le Puch, le
Pla, Artigues, Mijanès, Rouze et Son (4). — Le pays
peut avoir une lieue de long et autant de large. Il confronte de levant, les terres du seigneur d'Escouloubre (5);

(1) Les *Magdalou*, *Utéza*, *Bompieyre* sont d'anciennes familles du pays,
dont il existe encore des représentants. La famille noble d'*Annouilhès* possédait, au quinzième siècle, les seigneuries d'Artigues et du Pla dans le Donezan.

(2) C'est-à-dire que Rouze et Mijanès formaient le consulat d'en bas, par
opposition au consulat d'en haut qui se composait des autres villages du
pays de Donezan.

(3) Quérigut, 630 habitants, aujourd'hui chef-lieu de canton de l'arrondissement de Foix.

(4) Carcanières, commune de 240 habitants, canton de Quérigut. — Le
Puch, 130 habitants, canton de Quérigut. — Le Pla, 280 habitants, même
canton. — Artigues, 320 habitants, même canton. — Mijanès, 500 habitants,
même canton. — Rouze, 510 habitants, canton de Quérigut. — Son (voir
Usson, p. 48, note 1).

(5) Escouloubre, commune de 630 habitants, canton d'Axat, arrondissement
de Limoux (Aude).

midi, avec la terre de Capsyr (1); couchant, le comté de Foix, et septentrion, le pays de Sault. La plus grande partie du pays consiste en montagnes fort élevées et arides. — Les bornes et limites sont : Del roc de la Marrane (2), qui est du côté du midi, jusqu'à la serre Cabalhère (3) en bas et jusqu'au fleuve d'Aude (4), tout eau versant vers ledit Donezan; et de là en avant, traverse ledit fleuve, montant tout droit al cap de la touje del fumas (5) et dudit fumas droit al col de les Arres (6), tirant droit à Roquecourbe, proche le chemin qui va à Puchbalador (7), en Capsyr et partant dudit col de les Arres du côté gauche vers ledit fleuve d'Aude, toute serre serrant, eau versant, jusqu'à Quié Buffatié, tirant droit à lajadude del baile de Rieutort, toujours eau versant, et de ladite jadude al col de la Pastière (8), et de là, droit al col del Masquerol, toute eau versant, jusqu'à la vue de la cabanne des Cogots, et de là en avant tirant al pla de Bernat (9), étant tout ledit pla audit pays de Donezan, et de là jusqu'à la val de Galbe de Mérens sur le couchant, et de là en avant à Bantadul (10), et de là tire toute serre serrant à la cîme de

(1) Le Capsyr est une belle plaine au sud du Donezan, fermée au nord par la forêt du Carcanet; à l'ouest, par les montagnes de Rieutord, Fontrabiouse, Espouzouille; au sud, par les monts Balcéra, les Angles et la Quillane; à l'est par les bois de Creux, Villeneuve, de Réal et d'Odello.

(2) Le roc de la Marrane se trouve au sud-est de Quérigut, au point de jonction des départements de l'Ariège, de l'Aude et des Pyrénées-Orientales.

(3) La serre Cabalhère est à l'ouest un non loin du col de la Marrane.

(4) L'Aude prend sa source dans le lac d'Aude (Pyrénées-Orientales); elle entre bientôt dans l'Ariège où elle suit à peu près la limite des deux départements dans le canton de Quérigut; puis elle coule dans le département de l'Aude, baigne Quillan, Limoux, Carcassonne, et va se jeter dans la Méditerranée après un parcours de 208 kilomètres.

(5) Le dénombrement du pays de Foix de 1450 porte : le Tosso del fumas; nous ne pouvons préciser la situation de ce sommet.

(6) Le col des Arres au sud de Quérigut, sur la limite des départements de l'Ariège et des Pyrénées-Orientales, se trouve près de la route nationale d'Espagne et d'une dépression par où la rivière d'Aude entre dans le département de l'Ariège.

(7) Puyvalador est le siège d'une ancienne forge à la catalane dans les Pyrénées-Orientales.

(8) Le col de la Pastière se trouve à quelque distance à l'ouest du col des Arres.

(9) Le Pla de Bernat se trouve à l'extrémite sud du canton de Quérigut.

(10) Bantadul est probablement le port de Boutadiol, non loin du Pla Bernat.

lavail de Laurenty (1), eau versant, et de là à Balbonne (2) et Arthonnaut de serre en serre, tout eau versant, et dudit Arthonnaut droit au pujol de la Maure (3), tirant encore al pla Dagulanne, toujours eau versant, et de là et du côté du septentrion tire, toute serre serrant, droit al pujol del baq (4), toujours eau versant, et de là descend al barrenq del debas (5) et au ruisseau de Campagna (6) et sépare ledit ruisseau d'avec la terre de Sault (7), descend au fleuve d'Aude, tout le long dudit ruisseau en bas, et de là en avant montant par le fleuve d'Aude du côté de levant jusqu'à Hilleplanne et traverse ledit fleuve, montant par le req del bas, tirant à la font Descoubet et de là tout droit al Tourenq, qui est le ruisseau qui partage, l'eau versant vers Donezan, et dudit Tourenq, montant tout droit al pla del Puch Descoubet, toujours tout eau versant, tirant droit à Maures (8) et audit col de la Marrane.

Seigneurie. — Le roi est seul seigneur justicier haut, moyen et bas dans toute la châtellenie, et coseigneur direct; d'autres coseigneurs ayant leurs fonds distincts et séparés, ce sont : noble François de Roquefort, seigneur

(1) Le massif du Laurenty et l'étang du même nom se trouvent au sud-ouest du canton de Quérigut et près du canton d'Ax.

(2) Le passage de Balbonne fait communiquer à l'ouest le canton de Quérigut avec celui d'Ax; ce nom a été également donné au pic voisin, à un étang et à un ruisseau qui se jette dans la Bruyante, affluent rive gauche de l'Aude.

(3) *Maure* ou *Maoure*, près du pic du Tarbezou à l'ouest et sur les limites des cantons d'Ax et Quérigut.

(4) Le *pujol* est un terme que l'on emploie pour exprimer toute idée de pente, de montée peu rapide.

(5) Le *barrenq* désigne un grand précipice.

(6) Ce ruisseau, affluent rive gauche de l'Aude, passe à Campagna de Sault, commune de 280 habitants, canton de Belcaire, arrondissement de Limoux (Aude).

(7) Le pays de Sault, *de saltu*, était une région géographique comprise dans le Razès, entre le comté de Foix, le Languedoc et le Roussillon. Son étendue était de six lieues du couchant au levant et de deux du nord au midi; on y a compté jusqu'à 18 paroisses. Ce pays fut réuni avec le Razès à la couronne de France en 1258.

(8) Le pic de Mades (2471 mètres), au sud-est de Quérigut, est situé au point de jonction des départements de l'Ariège, de l'Aude et des Pyrénées-Orientales.

de Viviès; messieurs Hiérosme de Fornier, sieur de Savignac; Hiérosme de Fornier, sieur de Clauselles; Jean Fournier, sieur de Carcanières, héritier de feu François Fournier, de la ville d'Ax, et Bourthoumieu et Jean Petit Nouguères, François et Jacques Annoullès, ne pouvant savoir les limites et fins de chacun ni leur situation, à cause qu'ils sont pris de divers endroits.

Privilèges. — Tout le pays souverain de Donezan a joui de tout temps du franc aleu, suivant les privilèges accordés en faveur dudit pays par les seigneurs comtes de Foix, et entre autres par Jean comte de Foix et Bigorre (1), l'an 1390, confirmés par le grand Henri IV et Louis XIII, et par très illustre et chrétien prince Louis XIV, heureusement régnant, l'an 1643; duquel franc aleu et souveraineté le pays a toujours joui paisiblement.

Justice. — La justice est exercée au nom du roi, les officiers en sont : le juge-mage de Foix ou son lieutenant, qui prend tel avocat que bon lui semble tant pour opiner que juger, étant obligé de se transporter audit pays deux fois l'an et tenir la cour et audience au lieu de Quérigut, pouvant juger souverainement et en dernier ressort, tant le civil que le criminel, sans qu'il y ait autre justice ni officiers, et le baile et fermier du roi pour la petite justice en première instance; le notaire du pays sert de greffier audit baile, sans qu'il y ait autre greffe.

Consuls. — Il y a, dans le pays, six consuls : deux au consulat de Quérigut, deux à Rouze et Mijanès, deux au consulat des Masiers; créés par les conseillers nommés de tout le pays de Donezan, et font serment en mains du châtelain du roi audit pays; ils ne portent ni robe ni chaperon.

Justice consulaire. — Les consuls ont l'entière police et n'ont ni justice civile ni criminelle, mais ils prennent garde aux affaires du pays, montagnes et debès. Ils ont

---

(1) Jean, comte de Foix, est une erreur commise probablement par le copiste. Il s'agit à cette date de Gaston III, Phœbus.

voix à toutes les assemblées et aux états généraux de la
province de Foix.

Baile. — Il y a un sergent, il n'y a pas de viguier,
mais un baile qui est le fermier des droits que le roi tire
dans le pays. Ce baile a droit d'arrêter, prendre et con-
stituer prisonnier tout malfaiteur dans tout le pays de
Donezan; il prend, pour les crimes, les droits qui lui
sont taxés par les juges.

Lods et ventes. Dîmes. — Le roi afferme la bailie conjointement avec les autres droits au plus offrant. Le droit
de lods se paye de douze, un ; des engagements, la moitié, et on n'a jamais rien payé pour les échanges. Outre
et par dessus ces droits, le roi a coutume de prendre
annuellement le dixme sur tous les blés qui se lèvent dans
le Donezan, de quinze, deux : soit blé, seigle, avoine,
malorque et orge; comme aussi le même dixme sur la
laine des agneaux, de quinze, deux; comme aussi il prend
le dixme du fromage, savoir, de chaque coupe de lait,
un fromage, que perçoit son fermier. — Ils disent de
plus que les habitants du lieu de Campagna font annuellement au roi les fiefs et censives qui sont en argent,
avoine, moutons, gelines, chevreaux, comme il est contenu dans le fief et livre des censives que les habitants
de Campagna ont, et qu'ils payent audit fermier de Donezan, et c'est pour les terres que les habitants de Campagna avaient inféodées aux anciens comtes de Foix, dans
le pays de Donezan.

Amendes. Epanchement du sang. — Le droit de l'épanchement du sang et amende appartiennent au substitut
du procureur général du roi, ils ne savent de combien
elle est.

Confiscation. — Les confiscations en cas de crime appartiennent au roi, le juge-mage du sénéchal de Foix les
perçoit.

Châteaux. — Il y a, dans le pays de Donezan, deux châteaux situés l'un à Son (1), sur un grand rocher, l'autre à

(1) Les châteaux de Son ou Usson et de Quérigut étaient les deux places
fortes du Donezan. Le premier, dont l'origine remonte au onzième siècle, est

Quérigut sur un autre rocher. Tous deux bâtis en châteaux de défense, appartenant au roi et non à d'autres
seigneurs, desquels noble François de Roquefort, sieur
de Viviès, est châtelain pour le roi. Les habitants du
pays sont tenus de faire garde en iceux en temps de
guerre. Il y a aussi une tour à Quérigut, démolie, à laquelle les habitants sont obligés d'apporter le bois
nécessaire pour la bâtir toutes les fois et quand l'inten-
tion du roi sera de la rebâtir.

Prisons. — Il y a des prisons dans chacun des châteaux,
où sont conduits les criminels et malfaiteurs, le châtelain en prend les émoluments.

Bois et forêts. — Le pays est entouré de forêts qui sont
comprises dans les bornes et limites ci-dessus déclarées,
et dont la plus grande partie est composée de hêtres, de
sapins ou pin sauvage, appartenant toutes au roi et non
à autre seigneur, et les habitants du pays ont eu de tout
temps la faculté d'aller prendre et couper tout le bois qui
leur est nécessaire, tant pour leur chauffage que pour la
bâtisse de leurs maisons, harnais, instruments de labour
et autres choses, et qui peuvent même faire moulin à
scier en payant les droits portés par les privilèges, au
roi ou à son châtelain pour faire scier le bois, tant pour
la bâtisse des maisons que pour couvrir leurs toits, ne
pouvant avoir ni tuiles ni ardoise, à cause de l'austérité
du pays.

Communaux. — Les habitants ont aussi la faculté de
faire paître leurs bestiaux dans toute l'étendue des montagnes qui sont comprises dans les bornes et limites du
dit pays et d'extirper partout où bon leur semble, et que
pour cet effet, ils payent annuellement au roi ou à son
fermier, l'albergue de 30 écus de 3 livres pièce, outre et
par-dessus la donation que le pays fait aussi annuellement à la reine, de laquelle sera fait ci-après mention. Il
est vrai que Sa Majesté ou son fermier pour lui, peut

assis sur un rocher de 400 mètres entre les montagnes de Rouze et de
l'Aguzou. Les murailles, hautes de 40 mètres, sont intactes et ses tours en
partie conservées.

4

affermer aux étrangers les montagnes qui suivent, pour
venir faire paître les bestiaux : le Carcannet (1), la Fron-
tade de les Arres, des Trebuchar, del pla Devic, lorry des
Cogos, lorry de Bantadul, Lavail de Laurenty, le pla de
Frontels, Balboulhers, le Menudet, Balbonne, lavail d'Ar-
tonneau, où tous les habitants du pays peuvent aussi faire
paître leurs bestiaux tant seulement comme au reste des
autres montagnes au moyen de la susdite albergue. Pour
ce qui est des communaux, il n'y en a qu'un ou deux à
chacun des lieux, qui ne portent aucun émolument, mais
servent seulement de chemins.

Banalité. — Il n'y a ni forge, ni four banaux, et chaque habitant a la faculté d'en faire dans sa maison. Quant
aux moulins, il n'y en a que quatre dans tout le pays :
l'un à Quérigut, l'autre al Pla, l'autre à Mijanès, l'autre
à Son ; il est permis aux habitants d'aller moudre leurs
grains à tel que bon leur semble, appartenant tous quatre
à Sa Majesté ; dont l'émolument se paye de seize setiers
un, et ainsi à proportion ; le châtelain prend ce droit tous
les ans et l'afferme en son nom au plus offrant, avec un
pré qui appartient aussi au roi, dit al col del Bois, composé de 4 seterées ou environ ; le châtelain pour le roi est
obligé de faire les réparations nécessaires aux moulins.

Péage. Leude. — Il n'y a aucun droit de poids et
mesures, boucherie, ni bannage, mais seulement le péage
qu'on a toujours appelé leude, de tout ce qui passe audit
pays, soit marchandises, denrées ou autres choses, que
le fermier du roi prend et reçoit suivant le contenu·dans
le tarif et écrit dans les privilèges du pays.

Pontanage. — Il y a sept ou huit petits ponts sur des
ruisseaux qui passent au pays de Donezan, pour aller
d'un village à l'autre, sans qu'on ait jamais payé un droit
de pontanage. Il n'y a ni port ni bateau.

Agrier. Quête. — On ne paye ni droit d'agrier, quête,
censive ou autre, mais en outre de ce qui a été dit plus
haut, le pays paye annuellement la donation ordinaire de

_____

(1) Le Carcannet est une montagne de l'Aude sur la limite des deux départements de l'Ariège et de l'Aude.

30 écus de 3 livres pièce à la reine ou au trésorier de Foix, outre l'albergue ci-dessus mentionnée.

Privilèges. — Les habitants ont la faculté de pêcher, chasser, construire des tours pigeonnières, par privilège du pays ; pour la fonction des consuls, c'est un établissement de toute ancienneté.

Les consuls font la visite des chemins.

Secrétaire. — Les conseillers du pays nomment le secrétaire pour recevoir les délibérations.

Maison commune. — Il n'y a pas de maison de ville; le conseil s'assemble avec les consuls devant l'église Saint-Félix (1), située au milieu dudit pays.

Les consuls et conseillers maintiennent leurs déclarations.

ESCOSSE (2).

L'an 1671 et le 26 septembre, à Pamiers, par devant MM" Pierre Darassus et Jean Bastard, avocats en parlement..., ont comparu les sieurs Philippe Daliot et Pierre Vihé, consuls d'Escosse, agissant en vertu de la délibération du conseil politique du 25 courant.

Les consuls ont fait les délarations suivantes :

Etendue du consulat. — Le lieu d'Escosse, comté de Foix, diocèse et sénéchaussée de Pamiers, contient environ dix huit cents seterées de terre, et cent feux allumants le consulat confronte en entier au levant, les seigneurs et terres de Laffite et Baulias (3), midi, la seigneurie de Madières (4); couchant, Lescousse de Saint-Martin (5); aquilon, Bézac et Saint-Amans (6).

---

(1) L'église de Saint-Félix, dont la construction remonte en l'an 1004, fut détruite durant la période française de la guerre de Trente ans, lorsque les Espagnols envahirent le Donezan. Reconstruite en 1643, elle fut totalement incendiée par accident en 1788 (Voy. de Roquelaure, *Le Donezan*).

(2) Escosse, commune de 670 habitants, canton de Pamiers.

(3) Laffite et Baulias sont des domaines de la commune d'Escosse.

(4) Madières, commune de 500 habitants, canton de Pamiers.

(5) Lescousse, commune de 270 habitants, canton de Pamiers.

(6) Bézac, commune de 240 habitants, canton de Pamiers au confluent de

Seigneurie. — Les habitants [reconnaissent de tout temps roi pour seul seigneur haut, moyen et bas, foncier et direct, conjointement et à égale portion avec le seigneur de Saint-Martin.

Censives. — Les coseigneurs prennent la censive sur chacun des habitants et bientenants de la communauté; elle s'élève tous les ans à 25 livres environ, et se partage entre le roi et le seigneur de Saint-Martin.

Le roi prélève en seul annuellement sur le moulin de Saint-Arnié (1) à Escosse, trois sacs et demi de blé; il prend, à la métairie de Lamarque (2), une livre et demie de cire.

Greffe. — Le greffe appartient à Sa Majesté, il peut valoir par an, 3 ou 4 livres.

Don gratuit. — La donation accordée annuellement à Sa Majesté par les Etats du pays de Foix, s'élève à Escosse à 44 livres 6 sols, à raison de douze feux.

Consuls. — Il y a eu de tout temps deux consuls portant la livrée rouge et noire. Ils sont créés chaque année, à la semaine sainte, par tous les habitants possédant du bien au taillable, et chefs de famille. Le juge-mage de la sénéchaussée leur fait prêter serment le jour de Quasimodo suivant, on délègue pour cela les consuls sortant de charge.

Lods et ventes. — Le droit de lods et ventes se paye de douze un, pour vente pure et simple; moitié moins pour les engagements; et, pour les échanges, le droit de la plus-value de l'une ou l'autre pièce. Ce droit est partagé entre Sa Majesté et le seigneur de Saint-Martin.

Les habitants ont la faculté d'avoir des pigeonniers et des fours dans leurs maisons pour cuire leur pain.

---

l'Ariège et du ruisseau de Lestrique. Cette localité qui, porte le nom d'Avezac dans les anciennes chartes, est mentionnée pour la première fois avec Escosse en l'an 1002, dans le testament de Roger Ier le Vieux, comte de Carcassonne, dont le fils Bernard Roger devait fonder la dynastie des comtes de Foix. — Saint-Amans, commune de 150 habitants, canton de Pamiers.

(1) Le moulin de Saint-Arnié existe aujourd'hui et se trouve sur le ruisseau de Lestrique au-dessous de Baulias.

(2) Métairie actuelle de Lamargue.

Tous les droits que Sa Majesté possède à Escosse s'afferment sous le nom de *bailage*, 35 ou 40 livres au plus.

FOIX (1).

L'an 1672 et le 16 novembre, dans la ville de Pamiers,
par devant M° Pierre Darassus, avocat en parlement...,
ont comparu les sieurs Jean de Calvet, consul de la ville
de Foix et Volusien Duvernier, syndic, agissant en vertu
de la délibération du conseil du 13 novembre.

Declaration des députés :

Ville et consulat de Foix. — La ville est chef du comté
de Foix et capitale de la province; le comté est dans la
Gaule Narbonaise, régi par le droit écrit, et s'est conservé par une possession immémoriale dans le privilège
du franc-alleu. — Le consulat confronte au levant, les
terres du seigneur de Dalou (2), de Mirepoix ; vers Lesponne (3) et le lieu de Roquefort (4), jusqu'à la fontaine
Denrivière; la terre du seigneur de Saint-Pol et de Celles (5); au midi : le lieu de Montgaillard et Lapiche près
de Castela; la limite descend à la rivière de l'Ariège, va
aux Rieupeyroux, où est inclus le vignoble des Périés,
Radeles, le Pech de Foix (6) au delà de la rivière et les
lieux d'Arignac et de Sieurac; au couchant : Massat, le
bois du seigneur de Durban et de Castelnau de Durban,
Alzein, Montels (7), Rinat, Aigues-Juntes; aquilon : les

(1) Foix, 7000 habitants, chef-lieu du département de l'Ariège.

(2) Dalou, commune de 520 habitants, canton de Varilhes, arrondissement de Pamiers.

(3) Lesponne est une région géographique dont Roquefixade était, pour ainsi dire, le chef-lieu: on voit encore dans la commune de Roquefixade, canton de Lavelanet, les restes d'une enceinte fortifiée et un donjon carré du quatorzième siècle.

(4) Roquefort, commune de 380 habitants, canton de Lavelanet, arrondissement de Foix.

(5) Celles, commune de 470 habitants, canton de Foix.

(6) Le *Pech* est une montagne à l'est de Foix et qui domine la ville.

(7) Alzein, commune de 780 habitants, canton de Labastide-de-Sérou, ar-

lieux de Baulou et Crampagna. L'étendue du consulat, du levant au couchant, est d'environ deux grandes lieues, et d'aquilon au midi, environ une lieue.

Seigneurie. — Le roi est seigneur haut, moyen et bas justicier, foncier et direct, en paréage, pour la justice et la directe en certains lieux, avec l'abbé de Foix ; et, pour les autres parties de la directe, avec les sieurs de Verna-joul, Montlaur, ouvrier (1), aumônier et sacristain du chapitre de la ville. L'obituaire d'Alby et le sieur de Saint-Pol ont certaines directes dans la ville, mais les consuls ne les connaissent pas bien, car elles sont mêlées les unes avec les autres. Les seigneurs particuliers, en dehors de l'abbé, n'ont aucune justice.

Justice. — La justice est exercée dans la ville au nom des seigneurs paréagers, par les consuls assistés d'un asses-seur. Il n'y a d'autre officier qu'un procureur juridiction-nel. Pour la justice criminelle, les consuls sont en concur-rence avec les officiers du sénéchal, tant dans la ville que dans l'étendue du consulat ; au civil, ils sont compétents jusqu'à 3 livres, selon l'ordonnance. Ils sont juges de la police et peuvent prononcer des amendes pour les abus qui se commettent. Ils ont encore la faculté de nommer des officiers appelés *bailes* dans tous les villages du con-sulat, lesquels sont chargés de la police, de veiller à la conservation des fruits et d'empêcher les dommages pro-venant du bétail ou autrement.

Greffe. — Le greffe et le sceau appartiennent au roi et à l'abbé. Les consuls ont un autre sceau, aux armes de la ville, et dont ils scellent les passeports, certificats et ordonnances de police.

Sergent. — Il y a un sergent pour exécuter les actes de justice ; il est établi par les consuls et à leurs gages.

Consuls. — Il y a quatre consuls qui portent robe et chaperon rouge et noir. Ils sont créés le jour de Notre-Dame de Mars (2) par le conseil de la ville. Ils prêtent le

rondissement de Foix. — Montels, commune de 420 habitants dans le même canton.

(1) *Ouvrier*, traduit du latin, *operarius*, fabricien.
(2) Le 25 mars, jour de l'Annonciation.

serment devant le juge-mage du sénéchal, autrefois à Foix, aujourd'hui transféré à Pamiers; en son absence, devant les consuls qui sortent de charge. Le prieur claustral du chapitre de la ville a coutume de tenir le missel sur lequel se prête le serment des consuls.

Prisons. — Les prisons sont dans le château de la ville qui appartient à Sa Majesté et où il y a une garnison payée par le roi. Les émoluments des prisons sont au concierge qui est établi par le gouverneur du château. Il y a aussi, dans la maison de ville, des prisons qui servent pour ceux qui sont arrêtés d'autorité des consuls.

Clameur. Lods et ventes. — De temps en temps, on paye au roi et à l'abbé, un droit qu'on appelle de *clameur*, pour les lettres de rigueur qu'on attache aux contrats et en vertu desquels on fait saisir. Le droit de lods et ventes se paye au denier douze, et moitié moins pour les échanges.

Confiscation. — La confiscation appartient au roi, et les consuls ignorent si l'abbé y a quelque droit.

Château. — Il y a un château (1) très fort, dans lequel le roi tient une garnison et un gouverneur.

Bois et forêts. — Dans les montagnes se trouve un petit bois dont les habitants ont la jouissance, de même

(1) Le château de Foix, assis au sommet d'un rocher énorme isolé à l'ouest de la ville, est à une élévation de 428 mètres au-dessus du niveau de la mer. Il comprend trois tours bâties en pierre de grès, orientées du nord au sud, deux carrées et une ronde. Les deux premières sont au nord; la plus avancée de ce côté a été, disent certains érudits ariégeois, construite à l'époque de Dagobert; ne remonterait-elle pas plutôt au treizième siècle? Les deux tours carrées ont été pendant longtemps reliées entre elles par un bâtiment affecté autrefois aux prisons et qu'on a aujourd'hui l'heureuse idée d'enlever. Enfin la tour ronde placée au sud est la plus haute et la plus élégante; elle a été construite, nous assurent les vieux historiens, par Gaston Phœbus. M. J. de Lahondès la fait remonter au commencement du seizième siècle, (*Congrès arch. de France*, p. 378). « Elle fut parachevée, » dit Lescazes, (*Mémorial historique*), « le 5 décembre de l'an du salut 1362, artistement élaborée, d'une hauteur et beauté indicible, construite par l'ordre et soin de Gaston Phœbus, de l'argent provenant de la rançon à luy payée par le généreux abbé de Foix et autres seigneurs de haute considération, faits prisonniers par le même Gaston en la bataille donnée à Launac entre lui et le comte d'Armagnac. » — L'habitation des comtes, située au pied du rocher, est occupée maintenant par le tribunal civil.

qu'ils ont la faculté de faire paître leurs bestiaux dans les montagnes qui appartiennent au roi.

Banalité. — Il y a dans la ville deux fours banaux appartenant à Sa Majesté et à l'abbé. L'un, dit d'Abail qui est au roi; l'autre appelé d'Amont, à l'abbé. Ils sont abonnés à la somme de 1000 livres par an, d'où le roi et l'abbé prennent chacun 500 livres. Les consuls ont l'habitude de sous-affermer les fours à celui qui offre les conditions les plus avantageuses pour le public, ce dernier doit fournir le bois nécessaire pour le chauffage des fours. — Il y avait autrefois quatre moulins sur l'Ariège, dont trois ont été emportés par les inondations; celui qui reste appartient au sieur Liabart; les consuls ne savent quel droit il paye au roi. Sur la rivière de Larget (1), il y a actuellement six moulins; l'un d'eux, dit moulin del Rocq, donne le quart du revenu au roi, et celui qui appartient aux héritiers Gresac donne le sixième. Tous ces moulins payent la taille. — Il y a trois forges à fer; l'une à M. de Brassac, l'autre à trois particuliers, la troisième à un nommé Darnaud, elles sont inféodées par Sa Majesté, mais les consuls ne savent sous quelle redevance.

Péage. Leude. Mazels. — Il y a un droit de péage qui se prend sur un bois de sapin qui descend à la rivière de Larget; il s'afferme avec la leude prise sur le bétail et marchandise qui passent en ville, et dont le roi prend la moitié; les habitants en sont exempts. — Il y a deux boucheries, sur lesquelles le roi prend 150 livres et l'abbé 180; sans que l'on connaisse la raison de cette inégalité. La communauté n'en retire aucun émolument. De plus, le roi et l'abbé prennent chacun la moitié des langues des bœufs qui se tuent dans les boucheries.

Droit de coupe. — Le roi prend aussi la moitié de la coupe des grains qui sont portés et vendus sur la place de Foix et qui appartiennent aux étrangers. Le droit de leude et de coupe est d'environ 700 livres.

Pontanage. — On ne prélève aucun droit sur les trois

_____

(1) Larget est une petite rivière qui prend sa source au pic de Pontfrède et se jette dans l'Ariège après Foix.

ponts de pierre qui sont, l'un sur l'Ariège, les deux autres sur Larget.

Biens de mainmorte. — Les biens possédés par des
gens de mainmorte sont à l'ouvrier et aumônier du chapitre de la ville; au sacristain de Montgauzi (1), et à l'obituaire, appelé d'Alby (2).

Censives. Bladage. — Les censives se payent dans la
ville en deniers, par les particuliers bientenants. Dans la
juridiction, il y a quelques quartiers sur lesquels Sa Majesté prend un droit de bladage; mais on ne sait en quoi
il peut consister.

Foires et marchés (3). — Il y a trois marchés par semaine; les lundi, mercredi et vendredi, et quatre foires
par an : le mercredi après Pâques, le lendemain de la
Trinité, le lendemain de la Nativité de Notre-Dame, le
lendemain de la Conception. Elles doivent durer cinq
jours chacune, selon les privilèges de la communauté.

La communauté prend les droits mis sur les établis qui
sont sur la place de la ville; il s'afferme ordinairement
16 ou 20 livres qui sont employées à l'entretien de la
place.

Communaux. — La communauté possède une maison à
deux planchers sise dans la rue de Monteychac, ancien
sénéchal de Foix, et où se tiennent aujourd'hui les assemblées des Etats du Pays, les assemblées du conseil de la
ville et où s'afferme le domaine de Sa Majesté. Elle paye

(1) Montgauzi (Mons-gaudii). Bertrand Hélie fait remonter à Charlemagne
même l'érection de l'église N.-D. de Montgauzi. Le comte de Foix, Roger II,
y fit transférer les corps de saint Antoine de Lézat, saint Antonin de Pamiers,
saint Volusien de Foix et saint Ferriol, en 1107 (Catel, *Mémoires du Languedoc*, II, 353). Pendant les guerres religieuses du seizième siècle, l'église et
le couvent furent détruits par les religionnaires. La chapelle a été rebâtie et
fait aujourd'hui partie de l'école normale construite en 1844 sur l'emplacement de l'ancien couvent.
(2) Cet obit portait évidemment le nom de son fondateur qui était peut-
être le cardinal Bernard d'Alby, lequel fit don, en 1313, d'une statue de la
Vierge en argent massif à l'église N. D. de Montgauzi.
(3) Les foires se tiennent aujourd'hui : lo lundi après l'Epiphanie, le
1er mercredi de carême; *le mercredi après Pâques; le lendemain de la Trinité;* les 10 juillet, 9 septembre, 4 novembre, 9 décembre et les premiers
vendredis de mois.

annuellement la censive à l'abbé de Foix, à raison de 3 sols.

La communauté possède, en outre, la place publique où se tiennent les marchés, où sont les mesures du grain et le clocher de l'église abbatiale; la censive est de 6 deniers tournois au roi, et 2 sols 6 deniers à l'abbé;

Un communal appelé Villote (1), contenant deux seterées de terre environ; il sert à tenir les foires et pour le supplice des condamnés à mort; il est traversé par quatre chemins. La censive annuelle en est de 9 deniers à Sa Majeste;

Un communal dit le Camp de la palo (2), de trois seterées de terre, traversé par quatre chemins et qui fait, à la Toussaint, 6 deniers tournois de censive au roi;

Une seterée de terre, traversée par trois chemins, près de la vigne de Montgauzi : 2 deniers de censive; un marécage de 2 seterées de terre, près de la métairie d'Acoquat (3) : 6 deniers de censive; un communal de 10 seterées à Cadirac (4), faisant 2 sols de censive; une tuilerie et 6 seterées de terre : 2 sols 8 deniers de censive; 4 seterées de terre à Bourras : 1 sol 3 deniers de censive; une terre de 6 seterées, près de la métairie dite autrefois de Sutra (5), aujourd'hui de Bourras, faisant 2 sols 9 deniers de censive; une terre dite à Caussou (6), de 3 seterées de terre et faisant 1 sol 3 deniers de censive; la place à la sortie de la porte de Saint-Jacques (7), d'une demi-seterée de terre et faisant 1 denier de censive; la

---

(1) Villote est aujourd'hui une charmante promenade dont une des extrémités touche à l'Ariège et auprès de laquelle se trouvent les édifices publics des casernes, de l'hôpital et du lycée.

(2) Le camp de la palo est aujourd'hui le champ de foire situé derrière les casernes.

(3) La métairie d'Acoquat se trouve près du village d'Arabaux au nord-est de Foix.

(4) Cadirac est un petit hameau de la commune de Foix, près de Montgauzy.

(5) Le hameau de Sutra se trouve au sud de Foix, dans la commune de Ferrières.

(6) La métairie de Caussou est située à l'ouest de Foix, dans la commune de Cos.

(7) La porte Saint-Jacques était en face de l'hôpital actuel.

placo à la sortie de la porte de Saint-Vincent (1), d'une demi-seterée de terre et 3 deniers de censive; une pièce de la même contenance et faisant même censive que la précédente, à la sortie de la porte del Cap de la ville;

Une maison servant de collège pour l'instruction de la jeunesse, sise rue de l'École, avec un patus et un jardin; elle fait 2 deniers de censive au roi et 1 denier à l'abbé; la tour où est l'horloge de la ville, rue de la Bistour, qui fait à Sa Majesté, la place comprise, 3 deniers de censive; un communal à Commus (2), contenant 12 mesures et faisant 1 denier de censive au roi.

Les consuls déclarent, en outre, que les pauvres ont un hôpital dans la ville de Foix.

Il y a un officier, établi par le roi, pour faire la visite de tous les chemins du comté de Foix.

Secrétaire. — Le conseil de ville nomme un secrétaire.

Garde. — Le gouverneur du château et, en son absence, les consuls, prennent le soin de garder la ville en temps de guerre.

Portes. — Le gouverneur commet les portiers, et la communauté paye leurs gages.

Les consuls ont le droit de défendre aux étrangers et revendeurs de la ville d'acheter quoi que ce soit avant dix heures.

Les consuls ont la faculté de prohiber l'entrée du vin et de la vendange hors du taillable de la ville de Foix.

Les consuls maintiennent, dans leur totalité, les déclarations précédentes.

FOURNIOLS (3).

L'an 1673, le dernier jour du mois de février, à Va-

---

(1) La porte Saint-Vincent s'élevait en face de l'emplacement occupé aujourd'hui par les casernes.

(2) La métairie de Coumes se trouve au sud de Foix, au delà de Montgauzy.

(3) Le lieu de Fourniols a totalement disparu aujourd'hui, le nom même

rilhes, dans la maison de M° François Carbon, procureur
du roi ; par devant M° Pierre Darassus... ont comparu
Jean Vergé et Jean Rivière, députés du lieu de Fourniols,
en vertu du pouvoir qui leur a été donné par les habitants, sans délibération, car il n'y en a jamais eu. Ces
derniers ont déclaré ce qui suit :

Etendue du lieu. — Le lieu de Fourniols a un quart de
lieue environ de longueur, et de largeur un tirat de pistolet (1). Il confronte au levant, le seigneur de Rouzaud
et Sainte-Foy (2) ; midi, le chemin de Montaut à Pamiers ;
couchant, Lafage (3) ; aquilon, Larivière.

Justice. — Le roi est seul seigneur haut, moyen et bas,
foncier et direct. Les habitants n'ont d'autres juges ou
officiers que le présidial de Pamiers.

Lods et ventes. — Le droit de lods et ventes se paye
à raison de douze un ; pour les engagements, de vingt-
quatre un.

Pour l'épanchement du sang, on paye 20 sols aux fermiers du roi.

Censives et oublies. — Les censives et oublies se payent
à 2 deniers par sestérade (4). Les poids et mesures sont
semblables à ceux de Pamiers.

Maison de ville. — Il n'y a point de maison de ville ;
il n'y a que trois ou quatre habitants qui s'assemblent
pour traiter des affaires du lieu ; ils n'écrivent pas leurs
délibérations.

Les habitants sont exempts de péage, droit de pontanage dans tous les lieux du comté, où il y a foires et
marchés ; ils ont de tout temps joui de ces privilèges.

---

né s'est pas conservé. Les limites de cette localité, fournies par les députés
Vergé et Rivière, nous ont permis de rechercher la situation qu'elle devait
occuper. Nous pensons que la métairie actuelle de Caraut, située au sommet d'un mamelon dans les côteaux argileux au sud-ouest de Pamiers, et
dans la commune de Montégut, est bâtie sur le lieu dit de Fourniols.

(1) C'est-à-dire une portée de pistolet.
(2) Sainte-Foi est un hameau de la commune de Saint-Victor-Rouzaud,
canton de Pamiers.
(3) Les métairies de Lafage et de Larivière se trouvent dans la commune
de Montégut, canton de Varilhes,
(4) Du patois, *sésterado* : seterée.

LABASTIDE-DE-BESPLAS (1).

L'an 1672 et le 7 septembre, dans la ville de Pamiers
et la maison, rue Major, où pend pour enseigne, la Si-
reine; par devant M⁰ P. Darassus, avocat en parlement...,
ont comparu Guillaume de Camps et Pierre Gouazé, consuls de Labastide-de-Besplas, en vertu de la délibération
du conseil du 5 courant.

Déclarations des députés :

Etendue du consulat. — Labastide-de-Besplas est un
petit lieu qui était autrefois fermé de méchantes parois
de terre, détruites par le temps, et que la communauté
ne peut rebâtir. Sa contenance est environ de cent pas
en carré, et la juridiction a environ un quart de lieue de
long et autant de large. La communauté confronte : au
levant, les lieux de Castex et de Daumazan; midi, Montbrun ; couchant, Fornex (2) en Foix et Montesquieu-Volvestre (3) en Languedoc; aquilon, Loubaut (4) et Méras
en Foix.

Seigneurie. — Le roi est seigneur haut, moyen et bas
justicier, en paréage avec le seigneur comte de Rabat.

Justice. — La justice est exercée par les consuls au
nom du roi, assistés d'un assesseur qu'ils prennent d'office; les conclusions sont données par le substitut du
procureur du roi. Ils ont la police, la justice criminelle
et civile jusqu'à 60 sols; au delà, les causes sont portées
devant le sénéchal de Pamiers.

Consuls. — Il y a trois consuls qui portent seulement
un petit chaperon rouge et noir ; ils sont créés annuelle·
ment par l'ordre de la communauté. Le substitut du pro-

(1) Labastide-de-Besplas est une commune de 650 habitants, canton du
Mas-d'Azil, arrondissement de Pamiers.

(2) Fornex, commune de 320 habitants, canton du Mas-d'Azil, arrondissement de Pamiers.

(3) Montesquieu-Volvestre, 3600 habitants, chef-lieu de canton de l'arrondissement de Muret (Haute-Garonne).

(4) Loubaut, petite commune de 92 habitants, canton du Mas-d'Azil, arrondissement de Pamiers.

cureur du roi ayant donné ses conclusions, ceux qui sont choisis pour être consuls prêtent serment entre les mains du fermier du domaine.

Greffe. — Le greffe appartient à Sa Majesté, et le greffier est placé par le fermier du domaine.

Baile. — Il y a un baile pour exploiter les actes de justice ; il est institué par le fermier du domaine.

Lods et ventes. — Ce droit se paye de douze un ; moitié au roi, moitié au coseigneur.

De mémoire d'homme, on n'a vu payer le droit pour l'épanchement du sang, le lieu étant assez paisible ; mais on a ouï dire qu'on payerait 10 deniers, si le cas arrivait.

Communaux. — Il y a un pré communal pour prendre la terre pour bâtir et pour la sortie du bétail du lieu ; il y avait une tuilerie, aujourd'hui démolie. La communauté possède aussi un petit emplacement dans l'enclos de la ville, devant l'église, et qui sert de place découverte.

Banalité. — Il y a un four banal, où tous les habitants des vieux fossés de la ville vont faire cuire leur pain et payent, de douze un. Ce pain se partage ainsi : la moitié au roi et au coseigneur, l'autre à celui qui entretient le four et le fait chauffer. Les autres habitants de la juridiction tiennent four particulier et payent annuellement au roi, à la Toussaint, trois mesures de blé, mesure de Foix, et autant au comte de Rabat. Il n'y a qu'un moulin à farine sur la rivière de l'Arise, qui est en propre au seigneur de Rabat ; il y a de plus une forge appartenant à Michel Vergé, maréchal, qui sert pour les habitants de Labastide et autres ; ils payent au maréchal, pour *l'aiguisage de leurs ferrements aratoires*, ce qu'ils conviennent avec lui ; on paye en tout au roi six boisseaux de blé et autant d'avoine. — Les habitants payent autant au seigneur de Rabat, pour chaque paire de bœufs qui laboure la *première botte des terres* (1) ; moitié moins par paire de chevaux ou mules qui labourent comme les bœufs.

Pontanage. — Il n'y a qu'un pont qui traverse la

_____

(1) La *première botte de terre*, c'est-à-dire le premier défoncement.

rivière de l'Arise et que la communauté entretient à ses frais.

Les habitants ont la faculté de chasser, pêcher; d'avoir des pigeonniers, garennes et viviers.

Il y a un officier en office dans le pays de Foix, qui a droit de faire la visite des chemins de la juridiction.

Secrétaire. — Les consuls créent annuellement avec le conseil politique, un secrétaire pour écrire leurs délibérations.

Portes. — Quand le lieu est fermé de murailles, les habitants placent des portiers au frais de la communauté.

Maison de ville. — Les assemblées publiques se tiennent à un coin de rue ou dans une maison particulière.

LABASTIDE-DE-SÉROU (1).

L'an 1672 et le 15 mai, dans la ville de Labastide-de-Sérou et dans la maison du sieur Paul Delfas, greffier en la commission, par devant M° Pierre Darassus..., ont comparu, Jean-Paul Esgauzence, docteur et avocat en la cour; Dominique Rougemond, consuls, le sieur Jérôme Palies, syndic de la communauté, agissant en vertu de la délibération du conseil du ......

Déclarations des consuls :

Etendue du consulat. — La ville et la juridiction de Labastide-de-Sérou sont dans le diocèse de Couserans (2).

---

(1) Labastide-de-Sérou, 2600 habitants, chef-lieu de canton de l'arrondissement de Foix; anciennement connu sous le nom de château de Montesquieu, qui servit d'asile à la première femme de Gaston I" de Foix, quand celui-ci la répudia. Lieu de naissance de Loup de Foix, ce château appartint aux seigneurs de Rabat jusqu'en 1659, époque à laquelle P, Gaston de Foix , seigneur de Rabat l'engagea à son cousin Jean-Charles Phœbus de Rochechouart. On voit au sommet d'une colline les restes de l'ancien château appelé Tour du Loup. Labastide-de-Sérou était, au quinzième siècle, chef d'une châtellenie qui renfermait vingt-trois localités.

(2) Le diocèse de Couserans est le plus ancien des cinq évêchés de la région: Pamiers, Mirepoix, Alet et Rieux. Ce siège a compté environ 70 évêques dont le premier, saint Valier, est connu par les récits de Grégoire de

La ville est fermée de murailles. — Le consulat confronte au levant, le consulat de Foix; le hameau dit de Las Fajannes (1), les lieux de Malhifrote et Montels et la province de Languedoc; midi, la baronnie d'Alzen; les seigneurs de Nescus, Larbont et Esplas (2); couchant, les lieux de Durban, Castelnau de Durban (3), Séguillas, jusqu'au ruisseau dit de la Bascailhière; aquilon, les lieux d'Aillères, du Mas-d'Azil, les seigneuries de Gabre et d'Aigues-Juntes; les ruisseaux dits de la Lèze et Rieupassat (4), et le chemin public qui va jusqu'au village de Manne (5).

Seigneurie. — Le roi est seigneur haut, móyen et bas justicier; la directe est en paréage avec le seigneur de Rabat et noble Paul Dupuy, seigneur de Vinginas. Le comte de Rabat a droit et cause du seigneur abbé du Mas-d'Azil, et le seigneur de Vinginas, du seigneur abbé de Combelongue. Le roi prend la moitié de tous les droits seigneuriaux du lieu et de chacun d'eux; le comte de Rabat et le seigneur de Vinginas un quart chacun.

Justice. — La justice est exercée par le sénéchal; les consuls ont la justice criminelle assistés d'un assesseur, en concurrence avec le sénéchal; ils sont juges de toutes causes civiles et de police, suivant les ordonnances royales.

Consuls. — Il y a quatre consuls : deux de la ville et

Tours. Citons : saint Lizier (708-742), Guichard d'Aubusson qui avait été président du Parlement de Paris, Pierre de Marca (1642), et le dernier, Dominique de Lastic (1779-1790).

(1) Il nous a été impossible de retrouver les traces de ce lieu, comme bien d'autres entièrement disparus.

(2) Nescus, commune de 216 habitants, canton de Labastide-de-Sérou; — Larbont, commune de 232 habitants, même canton. — Esplas, commune de 1630 habitants, canton de Saint-Girons. Nous devons faire remarquer que la communauté de Nescus, de même qu'Alzen et Cadarcet ne faisait pas partie du comté, et formaient une enclave de la province de Languedoc dans le pays de Foix.

(3) Durban, commune de 1120 habitants, canton de Labastide-de-Sérou. — Castelnau de Durban, commune de 1560 habitants, canton de Saint-Girons.

(4) Le ruisseau de Rieupassat forme encore la limite nord de la commune de Labastide-de-Sérou.

(5) Le hameau de Manne est situé près du village et dans la commune d'Aigues-Juntes.

deux du dehors; ils sont chaperonnés. Ils sont créés le 24 juin au matin, jour de Saint-Jean-Baptiste, par tous les chefs de maison. Ils prêtent serment entre les mains du baile ordinaire du roi, en qualité de comte de Foix, et des coseigneurs de la ville. Suivant les coutumes du lieu, les habitants ont la faculté d'élire et de changer les membres du conseil politique pour s'occuper des intérêts du roi et du public. Les consuls ont droit d'entrée aux États de la Province de Foix, sans autre salaire que quarante sols par jour que leur donne la communauté.

Greffe. — Le greffe appartient au roi et les consuls ne se servent que du sceau où se trouvent les armoiries de la ville (1).

Baile. — Il y a un sergent pour exploiter les actes de justice; le fermier du roi a le droit de créer un baile pour exploiter aussi les actes de justice.

Prisons. — Il n'y a pas de prisons royales; quand il y a des prisonniers, les consuls les font mettre dans une tour de la ville, dite de Foix, et les font garder; ils n'en retirent aucun émolument.

Lods et ventes. — Le droit de lods et ventes se paye au denier douze, par moitié au roi et aux coseigneurs.

Château. — Il y a eu autrefois un château qui fut démoli par ordre de Sa Majesté en 1632, et où étaient les prisons des consuls. Dans les dépendances de ce château se trouvent un jardin d'une mesure de terre environ, possédé en partie par Jacques Durieu, chirurgien; un champ d'environ deux mesures, dont jouit le sieur Martin d'Ortet; trois mesures de terre aux héritiers de feu Jacques Dupuy, et une pièce de terre de deux mesures environ, possédée par le sieur Paul Lasserre. Les consuls ne savent en vertu de quels titres ces habitants jouissent de biens appartenant à Sa Majesté.

Bois et forêts. — Il existe un bois abrouty (2), appelé bois del Sarat de Lanta, dans la seigneurie d'Aigues-

(1) Les armoiries de la ville sont : d'azur à une tour d'or sur une terrasse de sinople.

(2) Un bois abrouty était un lieu ruiné par le bétail, et, par extension, réservé à la dépaissance.

Juntes, et distrait de la judicature de Rieux-Volvestre.
Il contient environ dix seterées de terre et fut donné par
Jacques de Camporcy, prieur du monastère de Sainte-
Croix (1), coseigneur de Sainte-Croix et Aigues-Juntes,
avec justice haute, moyenne et basse, par acte du 7 novembre 1436, indiction XIV, sixième du pontificat d'Eugène IV (2). Au sujet de la possession de cette terre, le
seigneur de Lahille a eu un procès avec la communauté
de la ville; lequel s'est terminé par un accord, suivant
l'acte de transaction retenu par M⁰ François Grilhou, notaire de Labastide-de-Sérou.

Communaux. — Les habitants possèdent trois communaux. Le premier dit de Cottes (3), contenant quatre seterées environ; il confronte quatre grands chemins vers
Foix, Alzen, Saint-Girons et le vignoble de Cottes; le
second dit d'Arise, où se tiennent les foires aux bestiaux,
d'une contenance de trois seterées environ; il est traversé
par la rivière de l'Arise et quatre grands chemins allant
vers Nescus, Montaigne, Foix et Guinou (4); il renferme
aussi la fontaine commune. Le dernier est un petit champ
appelé de la Faurie, où se trouvent deux grands chemins
et la rivière de l'Arise qui le ravage d'ordinaire. Pour
ces communaux, la place publique et la maison commune,
dont ils ne retirent aucun bénéfice, le syndic de la communauté paye annuellement, au fermier de Sa Majesté,
9 sols de revenu. Les habitants ont encore une pièce dite
dale mort (5), qui fut donnée par Jean de Foix (6), le
14 janvier 1428, et dont ils payent la censive.

Banalité. — Il y a quatre fours dans la ville, dont deux

(1) Le prieuré de Sainte-Croix de Volvestre recevait des donations dès
l'année 1156. Pendant la première période de son existence, il y eut à
Sainte-Croix des religieux des deux sexes également soumis à la règle de
l'abbaye de Fontevrault, selon la règle établie vers 1100 par Robert d'Ar-
brissel; le prieuré d'hommes de Sainte-Croix existait encore en 1499.
(2) Le pape Eugène IV (1431-1447).
(3) La métairie de Cotes est située à l'est de Labastide-de-Sérou sur la
route de Foix; le quartier de Cottes est aujourd'hui encore complanté de
vigne.
(4) La métairie de Guinou, au sud et près de Labastide-de-Sérou.
(5) Peut-être *dase mort*, d'âne mort.
(6) Jean de Foix (1413-1436).

sont actuellement démolis et qui appartenaient au seigneur de Vinginas. Les deux autres sont aux héritiers de feu Jacques Dupuy, où les habitants sont tenus de faire cuire leur pain et de payer par setier, un pain valant 4 sols. Le roi y prend un huitième et les coseigneurs un autre huitième, qu'ils se partagent; le reste appartient au propriétaire et fournier pour la cuisson du pain. On compte aussi cinq moulins qui sont : le moulin dit Dansalles où le roi prend 4 setiers de blé pour le fief du moulin; le moulin d'Arise, qui fait annuellement 5 setiers de blé au roi; le moulin del Comte (1), qui paye de même 5 setiers; le moulin d'Alzeu (2), où Sa Majesté prend 3 setiers de blé. Ces moulins sont bâtis près de la ville et sur un ruisseau dépendant de la rivière de l'Arise. Le cinquième dit des Gailhars (3), avec une pièce de terre dépendante, est sur la rivière dite Daujolle; Sa Majesté y prélève par an 10 mesures de blé.

Péage. — Il y a un droit de péage qui se partage entre le roi et les coseigneurs de la ville. Le roi prend la moitié des langues de bœufs et vaches qui se tuent à la grande boucherie.

Pontanage. — Il y a quelques ponts de service que la communauté entretient à ses frais, et sans aucun droit de pontanage.

Censives et oublies. — Les censives et oublies se payent par tous les habitants qui ont des biens fonds dans l'enclos et dîmaire de Labastide, aux mains des fermiers du bailliage de la ville, le lendemain de la Toussaint.

Privilèges. — Les habitants ont la faculté de chasser et pêcher; d'avoir des pigeonniers, garennes et viviers. Ils ont en outre le privilège de vendre le vin provenant

---

(1) Les trois moulins d'Ensalles, d'Arise et del Comte sont mentionnés dans des pièces remontant à 1561. Aujourd'hui il n'existe que les deux moulins d'Ensalles et d'Arise qui sont mus par les eaux d'un canal dérivant de l'Arise.

(2) La scierie d'Alzeu (*prononcez Alzéou*) est aujoud'hui un moulin destiné à broyer l'hématite rouge.

(3) La filature de laine dite *aux Gaillards* est située sur le ruisseau d'Aujolle, affluent de l'Arise.

de leurs vignes sises dans la juridiction de Labastide, à
trois différentes époques de l'année : depuis la Saint-Michel
de septembre à la fête de Saint-Luc suivant; de la fête de
Saint-Martin d'hiver à la Noël et jusqu'à la fête de Saint-
Jean-Baptiste. Ce privilège leur a été accordé par Jeanne,
comtesse de Foix, en date du vendredi après la fête des
Rois de l'an 1308 (1).

Secrétaire. — Pour nommer le secrétaire, le conseil
politique de la ville s'assemble annuellement le second
dimanche après la Saint-Jean.

Garde. — Les habitants du consulat sont tenus de
veiller à la garde du lieu en temps de guerre et d'avertir les gens du roi au cas où il viendrait des ennemis.
Les habitants de Monteg (2) sont aussi tenus de la garde
du lieu.

Portiers. — Les consuls commettent les portiers dont
ils payent les gages sur ce qui leur est accordé pour la
livrée consulaire.

Maison de ville. — La communauté possède une maison
commune pour tenir les assemblées.

Foires et marchés. — Il y a quatre foires par an : le
22 janvier, le jeudi après l'Ascension, le lendemain de
la fête de Saint-Pierre et Saint-Paul; le 11 novembre, jour
de la Saint-Martin; elles durent deux jours. Il y a aussi
un marché chaque jeudi de semaine (3).

Place publique. — Au milieu de la ville se trouve une
place publique couverte de tuiles et soutenue par vingt et
un piliers en pierre de taille; on y tient les marchés et
les mesures de la ville. Le roi n'y prend rien; elle est
affermée tous les ans par le syndic de la communauté, la
rente est affectée aux réparations.

(1) Jeanne, comtesse de Foix, était Jeanne d'Artois, nièce de Philippe le
Bel, mariée à Gaston I⁰ʳ, comte de Foix, bien que celui-ci fut déjà l'époux
de Ferdinande, fille du prince de Négrepont (1306-1316).

(2) *Monteg* est l'abréviation de Montegagne ou Montagagne qui contribuait
avec Alzen et Nescus à la garde de la ville de Labastide.

(3) Il y a aujourd'hui encore marché le jeudi de chaque semaine. Les foires se tiennent : 22 janvier, — 30 juin, — 16 août, — 1ᵉʳ septembre, — 11 novembre, — dernier jeudi de février, — lundi des Rameaux, — 3ᵉ jeudi
après Pâques, — jeudi avant Pentecôte, — 1ᵉʳ jeudi d'octobre, — jeudi avant
Noël.

Hôpital et cimetière. — Il y a, près de la porte dite de
Foix, un hôpital pour les pauvres, dans lequel se tiennent les écoles pour l'instruction de la jeunesse; il y a
aussi un jardin. L'administrateur de l'hôpital paye annuellement au fermier de Sa Majesté 2 sols de censive.
Près de la ville se trouve un cimetière qui fut donné par
Gaston, comte de Foix (1), exempt de censive et de tous
autres droits, comme il appert de l'acte du vendredi après
la Toussaint 1317, inséré dans le grand cadastre de la
ville ; ce champ contient environ six mesures.

Privilèges. — Les habitants ont la faculté de couper
du bois pour bâtir et pour le chauffage, et de faire paître
leurs bestiaux dans la forêt d'Audronne, appartenant à
Sa Majesté, par privilège de Mathieu, comte de Foix, en
1391, et confirmé par Archambaud, comte de Foix, le
4 septembre 1398. Ils ont le même droit dans les bois et
seigneuries par eux vendus à noble Jérôme Dupuy, seigneur de Pradières, dans les bois et forêts de Campels,
Péguies et Debèze, appartenant au seigneur de Durban,
suivant l'acte de transaction passé entre Roger Izarn,
seigneur de Durban, et les consuls et communauté de
Labastide, le 24 juin 1322. Ils jouissent encore de la
même faculté au bois du seigneur de Pailhès, dit bois de
Pailhès. Les habitants peuvent tenir des hôtelleries tant
que bon leur semble, sans qu'ils soient tenus d'aucun
droit d'équivalent. Ils sont exempts de payer leude et
péage dans tout le territoire du comté de Foix, par acte
.confirmé par Archambaud, comte de Foix, par déclaration du 5 septembre 1398. Certaines villes ayant mis obstacle à la jouissance de ce droit, une ordonnance fut
rendue par le sénéchal de Foix, le 3 mai 1412, par laquelle
défense est faite à toute personne de troubler les habitants de Labastide dans la jouissance de leurs privilèges.

Fouage. Don gratuit. — Les habitants payent leur part
de la donation que font les Etats de la Province annuellement au roi. Ils doivent aussi le fouage de sept en sept

_____
(1) Gaston II, père de Gaston Phœbus (1316-1344).

ans, suivant la mande du trésorier entre les mains duquel les sommes sont remises.

Dans le consulat de Labastide se trouve le lieu d'Unjat, bailliage séparé, où Sa Majesté prend les oublies, lods et ventes et albergue des propriétaires du lieu. On paye aussi au bailliage de Brouzenac les lods et censive au denier douze. Tous les villages et hameaux qui composent le consulat ont la faculté d'avoir un four dans chaque maison pour cuire le pain; pour cela, chaque habitant paye annuellement une mesure de blé à la Toussaint au fermier du bailliage, à l'exception des villages d'Unjat et Antuzan, qui ne sont pas obligés de payer le droit de fournage (1).

Les consuls disent ensuite n'avoir rien à ajouter à leurs déclarations.

———

LATERRASSE (2).

L'an 1672 et le 22 novembre, dans la ville de Pamiers, par devant Mᵉ P. Darassus, avocat en parlement..., a comparu Arnaud Carme, baile du lieu de Laterrasse, député de la communauté, qui a fait les déclarations suivantes :

Etendue du lieu. — Laterrasse est un bailliage du comté de Foix, ayant un demi-quart de lieue de long et autant de large; il confronte : au levant, les terres du seigneur de Dalou; midi, les terres de Marceillas et de Saint-Jean-de-Verges (3); couchant, la rivière de l'Ariège; aquilon, les terres de Varilhes.

(1) La commune de Labastide-de-Sérou renferme aujourd'hui les hameaux de Aron, Brouzenac, Unjat, Vic et Antuzan. Le lieu d'Antuzan est mentionné au quinzième siècle dans la nomenclature des châtellenies du pays de Foix par Arnaud Squerrer.

(2) Le domaine de Laterrasse donnait à son propriétaire noble, entrée aux Etats du pays. Aujourd'hui Laterrasse est un hameau de la commune de Saint-Jean de Verges, canton de Foix.

(3) Marceillas est un hameau de la commune de Villeneuve du Bosc, canton de Foix. — Saint-Jean de Verges est une commune de 514 habitants, canton de Foix. C'est dans l'église de ce modeste village que le comte Roger Bernard, un des chefs de l'armée albigeoise, vint, au mois d'avril 1229, recevoir l'absolution de son hérésie et faire acte de soumission au roi de

Seigneurie. — Le roi est seul seigneur haut, moyen et bas justicier et foncier ; il a aussi la directe dont quelques portions, sans que l'on sache combien, sont prises par le comte de Rabat et le sieur Jean de Goulhard, coseigneur de Varilhes et Laterrasse.

Justice. — La justice est exercée au nom du roi par les officiers du sénéchal de Pamiers.

Consuls. — Il n'y a pas de consuls ; la police est exercée par les prud'hommes du lieu qui ont la faculté de s'assembler pour traiter des affaires du bailliage et créer le baile.

Lods et ventes. — Le droit de lods et ventes se paye au denier douze et moitié moins pour les échanges.

Confiscation. — La confiscation appartient au roi comme seul seigneur.

Banalité. — Les habitants ont la faculté d'avoir des fours dans leurs maisons pour cuire leur pain ; ils peuvent aller moudre leur grain où bon leur semble.

Fouage. Censives et oublies. — Les censives se payent en deniers par chaque habitant. Le fouage est payé de sept en sept ans à raison de 1 sol 6 deniers par famille ; on en compte cinquante environ. Les habitants payent aussi annuellement le don gratuit ; moyennant quoi ils ont la faculté de chasser de toute façon.

Le député de Laterrasse ajoute que le baile du lieu a le droit de connaître, avec deux prud'hommes du lieu, du fait des dommages causés par les bestiaux ; de recevoir et retenir dans une maison le bétail qui lui est amené pour ce fait, jusqu'à ce que la victime du dommage ait reçu satisfaction.

LÉZAT (1).

L'an 1673 et le 16 mai, dans la ville de Pamiers ; par

France, en présence du cardinal légat de Saint-Ange, de l'archevêque de Narbonne, des évêques de Toulouse, Carcassonne et du Couserans.

(1) Lézat est une importante commune, 2550 habitants, du canton du Fos-

devant M⁰ Pierre Darassus, avocat en parlement..., a comparu le sieur Jean de Lafontine, premier consul, député de la communauté, en vertu de la délibération du conseil du 11 mai.

Le député a fait les déclarations suivantes :

Etendue du consulat. — La ville de Lézat est dans le comté de Foix, sénéchaussée de Pamiers et diocèse de Rieux ; elle est composée de cent trente maisons environ. La juridiction confronte : au levant, la seigneurie d'Esperce (1) et Saint-Ybars ; midi, Castagnac (2) ; couchant, Saint-Sulpice (3).

Seigneurie. — Le seigneur abbé de Lézat est seul seigneur haut, moyen et bas.

Justice seigneuriale. — La justice est rendue par un juge que l'abbé y a de tout temps établi.

Consuls. — Il y a quatre consuls qui portent la livrée rouge et noire. Le premier est nommé par l'abbé qui fait prêter serment aux quatre consuls.

Justice consulaire. — Les consuls ont la police et la justice criminelle avec un assesseur et au nom du seigneur abbé. Le greffe et le sceau appartiennent au seigneur ; pour le sceau, il n'est payé aucun droit.

Viguier. — Il y a un viguier qui est comme concierge et gardien des prisons ; il y en a aussi un autre pour exploiter les actes de justice ; ils sont tous deux nommés par l'abbé.

Prisons. — Il n'y a d'autres prisons que celles de l'abbé qui se trouvent au bas des tours de l'abbaye.

Lods et ventes. — Le droit de lods et ventes se paye au denier douze pour les ventes, et moitié moins pour les engagements.

---

sat. Les armoiries de la ville sont : d'azur à trois tours d'argent, celle du milieu plus haute que les deux autres, sur une terrasse de sinople. L'abbaye de Lézat avait, d'or à un sautoir de sable.

(1) Esperce, commune de 650 habitants, canton de Cintegabelle, arrondissement de Muret (Haute-Garonne).

(2) Castagnac, commune de 500 habitants, canton de Montesquieu-Volvestre, arrondissement de Muret.

(3) Saint-Sulpice de Lézat, commune de 1240 habitants, canton de Carbonne, arrondissement de Muret.

Le droit pour l'épanchement du sang appartient au seigneur abbé.

Confiscation. — La confiscation appartient à l'abbé de Lézat.

Bois et forêts. — Il y a quatre bois taillis possédés par l'abbé.

Banalité. — Le seigneur abbé possède un four et une forge qui sont banaux et un moulin qui ne l'est point.

Péage-Mazel. — Il y a droit de péage en faveur du seigneur abbé; une boucherie dont la communauté ne retire aucun émolument.

Pontanage. — Il y a des ponts, mais aucun droit de pontanage.

Mainmorte. — Messieurs les religieux possèdent dans la juridiction quelques biens nobles.

Censives. — La communauté paye depuis quelque temps au seigneur abbé, pour les censives et autres droits seigneuriaux, la somme de 150 livres.

Foires et marchés. — Il y a un marché le mardi de chaque semaine et six foires par an, qui sont : le 18 janvier; — le 1er mars; — le 10 juin; — en août; — le jour de Sainte-Catherine; — le jour de Saint-Pierre (1).

Secrétaire. — Le greffier du seigneur abbé sert de secrétaire aux consuls.

Portes. — La communauté commet les portiers et les paye.

Maison de ville. — Les consuls ont une maison de ville pour tenir les assemblées.

Privilèges. — Les consuls ont le droit d'empêcher aux étrangers d'acheter, avant que midi soit frappé et que les habitants soient pourvus.

Le premier consul de Lézat a déclaré n'avoir plus rien à ajouter.

(1) Comme autrefois, il y a encore aujourd'hui marché le mardi de chaque semaine. Les foires sont : les 18 janvier et 10 juin, et les deuxièmes mardis de février, mars, avril, juillet, août, septembre, octobre, novembre, décembre.

LORDADAIS (1).

L'an 1672 et le 22 décembre, dans le lieu d'Urs, pays et comté de Foix, diocèse de Pamiers, régnant très chrétien, prince Louis, quatorzième de nom, par la grâce de Dieu, roi de France et de Navarre; par devant nous M° Pierre Darassus... ont comparu : Antoine Lafaille et Antoine Pont, syndics de la châtellenie et bailliage du Lordadais, en vertu de la délibération du conseil du 28 août dernier, retenue par Arabeyre, not. roy. du Lordadais...

Les syndics ont répondu de la manière suivante aux questions qui leur ont été posées :

Etendue du lieu. — Le pays du Lordadais est chef de châtellenie et composé de quinze petits villages qui sont : Lordat, Axiat, Appy, Caychat, Saint-Conat, Vèbre, Urs, Lassur, Garanou, Vernaux, Luzenac, Unac, Bestiac, Caussou et Sortadel (2), qui ne consiste présentement qu'en deux ou trois petites maisons ou granges, et est incorporé au territoire et taillable de Luzenac. Le pays peut avoir environ une lieue de long et autant de large, dont la plus grande partie en montagnes fort élevées, en rochers et en bois. — La châtellenie confronte de levant

(1) L'*Histoire de Languedoc* mentionne le fief de Lordat dès l'an 970. Guillaume de Lordat, premier du nom, vivait à la fin du onzième siècle. En 1272, dans l'enquête faite sur les limites du comté de Foix, huit localités sont mentionnées comme faisant partie du Lordadais : Lordat, Arcia, Apino, Banconaco, Cayssax, Lusenaco, Garanó, Vernaus. Arnaud Squerrer, en 1456, énumère les quinze villages que nous retrouvons dans le dénombrement de 1672, et ajoute qu'à l'époque de Gaston Phœbus cette châtellenie était la plus importante du pays.

(2) Lordat, 170 habitants. — Axiat, 240 habitants. — Appy, 125 habitants; commune dans laquelle se trouve le Saint-Barthélemi. — Gaychax, 155 habitants. — Senconac, 120 habitants. — Vèbre, 360 habitants. — Urs, 150 habitants. — Lassur, 150 habitants. — Garanou, 230 habitants et Luzenac, 400 habitants, qui forment aujourd'hui la station de Luzenac-Garanou, sur la ligne de Toulouse à Ax. — Vernouse, 120 habitants. — Unac, 300 habitants, Bestiac, 100 habitants. — Caussou, 420 habitants et Sourtadel qui est un hameau de la commune de Luzenac. Tous ces villages font partie du canton des Cabannes, arrondissement de Foix.

avec le consulat de Prades, commençant au lieu appelé
Fontalbe et à l'endroit le Coumel de la Porcatière (1), tirant au rocher de la Jasse de la Croix, tout eau versant,
au roc Descavannes, tirant au pas du Poret de la Frount,
tout droit par le milieu de la Coume de Sept-Cazers, tirant droit au col de Marmare, prenant le haut de Lasgoutines, eau versant, auquel endroit finit le consulat de
Prades et commence la châtellenie; au midi, avec le consulat d'Ax, sur le haut de Lasgoutines, tirant au col d'Ey-
chiula et dudit lieu, tirant toute serre, eau versant, droit
à la Bache redonne, autrement Matte de Qué, tirant au
plat de Sizet par Mongranié, tout eau versant, au pujol
de Comelas, et de là droit à Peyro moula, à come Ouxere,
et de là passe la rivière de l'Ariège, droit à la fontaine
qui est près du grand chemin royal, appelée Font lourde,
et de là, à la borde Descabonne et montant tout droit al
pla de la Genibrière (2), eau versant, et de Tenoula et à
la Coste de Fournil, toujours eau versant, et de là, à la
rive de Calmilhas, à la Vernissote, eau versant, et de là,
suivant la serre de Panpalou, aussi tout eau versant; et
de là tirant au milieu du pla de las lanes (3), où finit le
consulat d'Ax et commence ladite châtellenie, et confronte au midi avec la baronnie de Château-Verdun, et
du pla de las lanes va droit au colh de la Redorte, et de
là, à la serre de Genitré (4), de là, tirant toute serre,
eau versant, jusqu'à la peyre dreyte, et de là, à Pybar-
lam suivant le couchant, va droit au sarrat de Montmissa,
descend et va à la serre de Gérissou, passant par le pla de la
Gérisane et de la Dalmazane, et de là, descend et tire droit
au sarrat de Mesplié et descend le long d'un petit ruisseau
jusqu'au lieu appelé le Clot, dudit lieu, suivant toujours
ledit ruisseau jusqu'au lieu appelé la Gargante, et de là,

(1) La *pourcatière* désigne en patois la gardeuse de pourceaux. — La
fontaine de Fontalbe est situé à l'ouest de la forêt de Basqui et au nord de
Caussou.

(2) Le *pla de la Genibrière*, désigne un plateau où croissent des gene-
vriers.

(3) *Las lanes*, les landes.

(4) La *serre de Ginètre* est peut-être la montagne où se trouve le col de
Finestre au nord du col de la Redorte.

traversant la rivière de l'Ariège, va à Peyre-figuère où
est marqué une croix, et de là monte à la serre de Ter-
rac et va droit à un grand roc qui est au-dessous du chemin qui va de Vèbre à Caychat où est aussi tracé une
croix, et dudit roc monte tout droit à Peyre-Crouzade où
est marqué une croix sur un grand roc, et de là, prenant
un petit sentier appelé anciennement le chemin de las
Monges, qui est... et dans l'eau versant de Château-Verdun, va jusqu'à Arniguel (1), et de là, monte droit au
roc de Laston où est marqué une croix, et de là, au roc
de Quierlong (2), et va al planel de la Croux, auquel lieu finit
la baronnie de Château-Verdun et confronte avec le Lordadais; et commence ledit Lordadais à confronter au lieu
du planel de la Croix avec la terre de Cazanave et va au
planel de la Vieille et de là, à la Sérigate, et, tout eau
versant, droit à la Lauzate, à Montfourcat, à pech de
Cadenos, à pech Galinas (3) et droit à la chapelle de
Saint-Anastase (4), qui est sur le sommet de la montagne
de Tabe, où le Lordadais confronte avec la seigneurie de
Mirepoix, et de là, tirant à Estang tort (5), et de là, al
colh de la Peyro (6), suivant toujours le ruisseau, confrontant avec le Basquy, terre du seigneur de Cazanave, jusqu'au Comel de Porcatière, qui est la première limite
dessus énoncée.

Seigneurie. — Dans toute l'étendue de la châtellenie de
Lordat, le roi est seul seigneur justicier haut, moyen et
bas, et y est coseigneur direct avec d'autres coseigneurs qui
sont : le sieur commandeur de Gabre, le sieur de Caza-

---

(1) *Arniguel*, métairie près de la petite chapelle de Sourdaign, commune
de Verdun.

(2) Le *roc de Quierlong* est situé à l'extrémité nord de la commune de
Verdun.

(3) Le *col de Cadènes* et le *pic Galinat* sont voisins dans la montagne de
Tabe et non loin au nord-ouest du Saint-Barthélemi.

(4) La chapelle construite sur la montagne et dédiée à saint Anastase qui
était peut-être le saint des hauts sommets : de saint Anastase le Sinaïte,
évêque d'Antioche.

(5) *Estang tort*, c'est-à-dire lac tortueux; il est situé près du pic de Soularac, à l'est du Saint-Barthélemi.

(6) Le *col de la Peyro* se trouve à l'est du pic de Soularac et non loin de
Fontalbe.

nave, le sieur de Luzenac, le sieur de Garanou, le sieur de Traversier de Fantillou, ne pouvant savoir les limites des fiefs de chacun, parce qu'ils sont mêlés ensemble.

Justice seigneuriale. — De tout temps la justice a été rendue aux habitants de la châtellenie, en toutes causes civiles et criminelles en première instance par le séné-chal de Foix et à présent par celui de Pamiers, et en der-nier ressort et sur les appelants, par le parlement de Toulouse; n'y ayant pas d'autres officiers.

Consuls. — Il n'y a point de consuls, mais bien deux syndics qui ne portent ni robe ni chaperon et sont créés tous les ans par le conseil politique de la châtellenie et prêtent le serment entre les mains des syndics qui sor-tent de charge et en présence du conseil.

Justice consulaire. — Les syndics n'ont aucune justice, mais seulement le pouvoir de prendre garde à la petite et moyenne police et l'un d'eux est appelé à la séance et a voix dans toutes les assemblées et Etats de la Province (1). — Ils n'ont ni greffe, ni sceau.

Baile et viguier. — Il n'y a ni baile, ni viguier pour exploiter les actes de justice qui sont exploités par les huissiers et sergents....., et d'ordinaire de quelques soldats du château de Foix, particulièrement pour les exécutions, et que si on a besoin de main-forte en cas de rébellion, on a recours aux syndics; mais il est bien vrai qu'il y a eu de tout temps un baile dans la châtellenie, c'est-à-dire un fermier des droits seigneuriaux apparte-nant à Sa Majesté, lequel est d'ordinaire quelque per-sonne de considération, n'exploite aucun acte de justice et ne fait autre chose que lever les droits. Il est vrai qu'ils ont ouï dire que, anciennement, le baile du Lorda-dais, comme aussi tous les autres bailes du comté de Foix, avait quelque pouvoir dans leurs bailliages, qu'ils n'ont pas à présent.

Il n'y a pas de prisons,

(1) Le syndic de la vallée de Lordat avait le privilége d'entrer aux Etats de la Province avec une cape grise, un bonnet bleu sur la tête et une da-gue au côté.

Saisies-exécutions. Lods et ventes. — Le roi ne prend aucun droit pour les saisies et exécutions; le droit de lods se paye de douze deniers un, pour la vente et moitié moins pour les engagements, ce qui s'observe tant à l'égard de Sa Majesté qu'à l'égard des autres seigneurs.

L'amende pour l'épanchement du sang est de 27 sols.

Confiscation. — La confiscation appartient au roi.

Château (1). — Il y a un château situé sur le rocher de Lordat, appartenant au roi, lequel est présentement démoli et ne reste que les murailles; auquel château ils ont ouï-dire que les seigneurs de Garanou ont quelque portion.

Bois et forêts. — Il y a des bois à haute futaie et plusieurs bois taillis dont la plus grande partie appartient au seigneur de Garanou, et particulièrement ceux qui confrontent du côté de levant avec le bois de Luzenac, et de couchant avec la baronnie de Château-Verdun, aux endroits appelés : Puy-Barlam, Montmissa, Gérissou, le sarrat de Mesplié et le Clot ; comme aussi appartient au sieur de Garanou, le bois et montagne de Tabe, commençant du côté de levant au ruisseau de la Lause et finissant du côté du couchant au planel de la Croux où ladite montagne finit, et confronte avec les terres et seigneurie de Château-Verdun et de Cazanave, et quant aux bois de Luzenac, ils ne peuvent précisément déclarer ni affirmer à qui le surplus des bois de la châtellenie appartient, si c'est au roi ou aux autres coseigneurs; mais, dans tous les bois et montagnes, tous les habitants de la châtellenie ont généralement le droit d'usage, de tout temps qu'il n'est mémoire du contraire.

Communaux. — Dans quelques villages de la châtel-

(1) Le manoir de Lordat, qui remonte au quatorzième siècle, a conservé un donjon central et une vaste enceinte de remparts crénelés. Sa position formidable au sommet d'une montagne accessible seulement du côté de l'est, en faisait un des châteaux les plus forts du comté. On suppose que ce manoir a été élevé sur d'anciennes constructions romaines. — La famille de Lordat, la plus ancienne et l'une des plus puissantes du comté, remonte à Guillaume de Lordat, vers 1095; ses descendants fixés dans le département de l'Aude, portent : d'or à une croix alaisée de gueules.

lenie, il y a quelques petits plas ou communaux, de très petite contenance, appartenant à la communauté, sans qu'on en retire aucun revenu.

Banalité. — Il n'y a ni forges de maréchal, ni moulins banaux. Il y a bien plusieurs moulins, ils ne savent s'ils sont banaux, ayant toujours vu les habitants jouir de la liberté de franchise d'aller moudre leurs grains où bon leur semble. Ces moulins sont : le moulin de Vèbre, situé sur la rivière de l'Ariège, tenu du roi par le sieur de Fantillou ; autre moulin à Urs, sur la même rivière, possédé par le sieur de Garanou, autre à Luzenac, sur l'Ariège, possédé par le seigneur de Luzenac. De plus, au lieu de Lordat, il y a deux moulins sur le ruisseau qui descend de Tabe ; l'un d'eux paye au roi deux setiers de blé-froment et deux setiers de seigle et au sieur de Cazanave deux setiers blé-froment. L'autre paye au roi trois livres en argent. Plus, dans le lieu d'Axiat, il y a trois petits moulins situés sur le même ruisseau de Tabe, dont les deux relèvent du sieur de Cazanave et l'autre du sieur de Garanou. Plus, au lieu d'Unac, il y a un autre moulin sur le ruisseau qui vient de Marmare, tenu à fief du sieur de Cazanave, par certains habitants du lieu d'Unac ; plus autre de Caussou, et sur le même ruisseau de Marmare, il y a deux petits moulins tenus aussi par des particuliers habitants de Caussou, du sieur de Cazanave. Finalement au lieu de Saint-Conat, il y a un moulin ..... ruinés, sur un même ruisseau, relevant de Sa Majesté.

Péage. Droits de poids et mesures. — Il y a un droit de péage qui appartient au roi et aucun droit de poids et mesures. Le droit de péage est parçu par le baile, fermier du roi.

Pontanage. — Il y a trois ou quatre ponts sur la rivière de l'Ariège, on n'y paye aucun droit de pontanage, et il n'y a ni port ni passage à bateau.

Gentilshommes. Biens de mainmorte. — Il n'y a d'autres fiefs tenus par des gens de mainmorte, que ceux des dames religieuses des Salenques, qui prennent certaines albergues sur divers villages de la châtellenie et le commandeur de Gabre, qui y prend quelques petits droits de censive, comme il a été déjà déclaré, de même que les gentilhommes hommagers du roi qui sont : le sieur de Cazanave, de Luzenac, de Garanou, de Traversier de Fantillou; ils ne savent la contenance ni les limites de leurs fiefs. Outre cela, il y a quelques habitants à Caussou qui possèdent quelques maisons et quelques terres nobles au lieu de Caussou.

Censives. Albergue. — Outre les censives, qu'il prend des terres relevant de sa directe, Sa Majesté prend les albergues suivantes; comme aussi ils déclarent celles que les dames des Salenques y prennent annuellement, ensemcle les feux comtals et gentils qui sont à chacun desdits villages : 1° Le lieu d'Axiat paye annuellement au roi d'albergue, 6 liv. 3 sol. 6 den, et aux dames des Salenques, 5 liv., et a trois feux et demi comtals et quatre feux et demi gentils; les deux feux et demi comtals y ayant été ajoutés par la dernière réforme. — 2° Luzenac paye tous les ans au roi, 6 liv. 15 sol. d'albergue, et aux religieuses des Salenques, 6 liv., et il y a neuf feux et demi gentils, selon le nouveau tarif et selon l'ancien, il y en avait onze de gentils et deux de comtals. — 3° Garanou paye au roi d'albergue, 3 liv. 15 sol., et aux Salenques, 1 liv. 13 sol. 4 den.; et à trois feux et demi comtals et un et demi gentil, le demi feu comtal y ayant été ajouté par la dernière réforme. — 4° Unac paye aux dames des Salenques, 6 liv. d'albergue, et a quatre feux gentils et deux comtals. — 5° Bestiac paye aux Salenques cinq francs d'or d'albergue, et a deux feux comtals et un gentil. — 6° Caussou paye présentement aux Salenques, 10 liv. d'albergue qui était payée autrefois à Sa Majesté. Mais les dames l'ont gagnée par arrêt du parlement de Toulouse contre Sa Majesté, et les habitants condamnés à la payer aux religieuses des Salenques: il y a à ce lieu huit feux gentils et deux comtals; dont un feu trois quarts de comtal y ont été ajoutés par la dernière réforme. — 7° Vernaux paye au roi 2 liv. 8 sol. d'albergue et aux Salenques, 1 liv., et a quatre feux savoir : trois feux trois quarts gentils et un quart comtal, lequel quart a été ajouté lors de la dernière réforme. — 8° Appy paye au roi 2 liv. 8 sol. d'albergue et aux Salenques 3 liv., et a quatre feux; trois et demi comtals et un demi gentil, les deux comtals ont été ajoutés par la dernière réforme. — 9° Caychat paye au roi 6 liv. ... sol., et aux Salenques 2 liv., et a trois feux comtals, un y ayant été ajouté par la dernière réforme. — 10° Saint-Conac paye au roi 3 francs d'or et autant aux Salenques, et a trois feux comtals, un et demi ayant été ajouté par la dernière réforme. — 11° Lordat a six feux comtals, un y a été ajouté par la dernière réforme. — 12° Urs a trois feux gentils. — 13° Vèbre paye aux Salenques 10 liv. d'albergue, et a neuf feux et demi, savoir : quatre et demi comtals, et cinq gentils.

Censives. Poids et mesures. — Les censives se payent annuellement à la fête de la Toussaint, et le fermier du roi va les lever ou faire lever sur les lieux et dans chaque village. — On se sert de seterée, qui est de huit mesurées; les poids et aunages sont conformes à ceux des villes circonvoisines, Tarascon et Ax, et pour les mesures du vin et du blé, elles sont égales à celles de Foix.

Biens-fonds. Privilèges. — Le Lordadais n'a aucun bien-fonds ni aucun privilège par écrit, du moins qu'ils aient en leur pouvoir. Mais ils sont en possession immémoriale de créer tous les ans des syndics. Ils ont aussi la faculté de pêcher et chasser et même de bâtir des tours pigeonnières, garennes et viviers.

Les syndics font la visite des chemins de la châtellenie.

Le conseil en corps commet le secrétaire chargé de recevoir les délibérations.

Garde du château. — Il est présentement inhabité; lorsqu'il était en état d'être gardé, le roi et anciens comtes de Foix y tenaient un capitaine châtelain auquel ils donnaient et assignaient des appointements sur leur trésorier, et les habitants de la châtellenie étaient obligés d'y faire guet et garde par l'ordre du châtelain qui avait droit de les commander et de courir sus aux libertins et gens de mauvaise vie, et les mettre dans les prisons qui étaient au château.

Maison de ville. — Il n'y a point de maison de ville; ils s'assemblent pour tenir leurs conseils, selon la nature des affaires, dans le lieu le plus commode.

Les syndics disent ensuite n'avoir aucune autre déclaration à faire.

LUJAT (1).

L'an 1672 et le 7 mars, dans la ville de Tarascon, par devant MM^{es} Pierre Darassus et Jean Bastard,.... a comparu Arnaud Rouan, habitant d'Ornolac, syndic du lieu de Lujat, accompagné de plusieurs bientenants. Celui-ci, en présence de Me Pierre Ducassé, procureur du roi, a fait les déclarations suivantes :

Seigneurie. — Le roi est seul seigneur justicier haut, moyen et bas.

Étendue du lieu. — Le lieu de Lujat contribue séparément sur le pied de demi-feu aux impositions ordonnées par les Etats du Pays. Il est situé sur le haut d'une montagne et a été autrefois habité comme il semble, car l'église et des masures de maisons y subsistent encore. Abandonné aujourd'hui, il n'y a qu'une grange que le sieur Tinier, trésorier du Pays, y a fait bâtir depuis deux ou trois ans pour y enfermer le bétail, et cela en qualité de bientenant du lieu. — Lujat a bien près d'une lieue de circonférence; il confronte, au levant, les terres de Verdun et de Sourdain (2); midi, les rochers de Sinsat, qui dépendent de la baronnie de Château-Verdun; au couchant, les terres d'Ornolac (3); aquilon, les terres et fo-

---

(1) Toute la montagne, le bois et l'église de Lujat sont actuellement compris dans la commune d'Ornolac. M. A. Garrigou dit, dans ses *Etudes historiques sur le pays de Foix*, que le village de Lujat aurait été emporté au quinzième siècle par l'inondation provenant d'un torrent qui descend de la montagne.

(2) Dans la gorge des montagnes qui se dirige vers Cazenave, se trouve aujourd'hui la chapelle dite *de Sourdeign*, reste d'un centre d'habitation disparu dans la commune de Verdun.

(3) Ornolac, commune de 420 habitants, canton de Tarascon.

rêts de Faboscur, appartenant aux consuls de Tarascon.

Justice. — La justice civile est exercée par le sénéchal de Pamiers. Le lieu de Lujat étant du consulat de Tarascon, ce sont les consuls de cette ville avec leurs assesseurs qui y rendent la justice.

Bois et forêts. — Dans les limites du lieu de Lujat se trouve la forêt dite Doutre (1), plantée de hêtres et de quelques vieux sapins sur les penchants des montagnes qui regardent Lujat et le séparent des lieux circonvoisins ; cette forêt a été arpentée en 1669 par ordre de M. de Froidour, et les consuls et bientenants de Tarascon en ont toujours eu l'usage.

Albergue. — Pour la jouissance des terres labourables du lieu de Lujat, qui renferment soixante seterées environ, des forêts et du reste de l'étendue du lieu qui consiste en vacants, les bientenants et consuls de Tarascon, Ussat (2) et Ornolac, payent annuellement au roi, à la Toussaint, par l'intermédiaire du syndic, une albergue de 6 livres argent, 14 mesures de blé et 5 gelines (3), comme cela résulte de plusieurs quittances.

Fouage. — On paye aussi au roi le droit de fouage, de sept en sept ans.

Lods et ventes. — Ce droit se paye pour les aliénations au denier douze, au roi ou à ses fermiers du bailliage de Tarascon.

Le syndic de Lujat promet d'être bon et loyal emphytéote, d'augmenter et améliorer les biens, de ne les point détériorer ni aliéner en mainmorte, de ne point prohiber de droit et de consentir pareille reconnaissance à ses dépens toutes les fois qu'il en sera requis. Moyennant cela, le commissaire subdélégué, avec le consentement du substitut du procureur du roi, a baillé nouvelle investiture des biens au sieur Arnaud Rouan.

(1) Le *bois Doutre*, situé sur le versant nord-est de la montagne de Lujat, est mentionné (M. A. Garrigou, *Histoire des populations pastorales du consulat de Tarascon*) dans des actes remontant à une haute antiquité.
(2) Ussat, commune de 220 habitants, canton de Tarascon.
(3) *Gelines*, poules.

MAS D'AZIL (1).

L'an 1672 et le 15 novembre, dans la ville de Pamiers, par devant Me Pierre Darassus..... ont comparu les sieurs Jean de Bonnefame et Pierre Durieu, premier et second consuls de la ville du Mas d'Azil, députés de la communauté, en vertu des délibérations du conseil politique des 2 et 3 novembre.

Déclarations des consuls :

Etendue du consulat. — Le Mas-d'Azil est chef d'abbaye dans le diocèse de Rieux. Son étendue est d'une lieue de long et trois quarts de large. Il confronte, au levant, la communauté de Sabarat et Gabre (2); midi, Labastide de Sérou, Aillères et Durban; couchant, Clermont et Camarade; septentrion, Montfa, Campagne et les Bordes.

Seigneurie. — M. l'abbé a reçu le roi en paréage; il n'y a pas d'autre seigneur.

Justice. — Les consuls rendent la justice au nom des coseigneurs; ils ont l'entière police, la justice civile jusqu'à 3 livres et la haute jusqu'à mort.

(1) Le Mas-d'Azil, 2700 habitants, chef-lieu de canton de l'arrondissement de Pamiers. Cette petite ville est célèbre par le siège que les protestants y soutinrent au commencement du dix-septième siècle. L'armée du maréchal de Thémines, après avoir saccagé Calmont, les Bordes, Borret, vint mettre le siége devant le Mas-d'Azil le 11 septembre 1625. L'assaut commença le 12 octobre et échoua devant l'énergie des protestants commandés par Dusson. L'armée royale fut obligée, après trois tentatives infructueuses, de lever le siége, le 18 octobre. Trois mois plus tard (10 janvier 1626), le duc de Rohan consentait à signer la paix. On remarque au Mas-d'Azil, la grotte naturelle sous laquelle passent l'Arise et la route de Pamiers à Saint-Girons, et que Jeanne d'Albret fit fortifier.

(2) La commanderie de Gabre existait à la fin du douzième siècle; elle comprenait environ cinquante membres, parmi lesquels : Capoulet, Verdun, Unac, Sem, Goulier, Ussat, Ornolac... La ville qui porta d'abord le nom de Bastide-de-Plaisance fut bâtie en vertu de l'acte de paréage entre le prieur de Saint-Gilles et le roi de France, le 6 mars 1283. La commanderie de Gabre eut particulièrement à souffrir des troubles religieux dans le pays de Foix. Les protestants la ruinèrent, en demeurèrent maîtres tout le temps de la lutte, et les chevaliers de Saint-Jean ne rentrèrent en possession de leurs biens qu'à la conclusion de la paix.

Consuls. — Il y a quatre consuls, deux catholiques et deux de la R. P. R. Ils sont chaperonnés et prêtent le serment de fidélité par devant les seigneurs ou le procureur du roi en leur absence. La création en est faite par le conseil politique demi partie de la ville, composé de quarante-huit conseillers (1).

Greffe. Baile. — Le greffe appartient moitié au roi et moitié à M. l'abbé. Il n'y a ni sceau ni baile; mais seulement un valet qui sert de sergent et est institué par le conseil.

Prisons. — Il y a des prisons dans le bas de l'hôpital, et au-dessus on célèbre la sainte messe.

Lods et ventes. — Le droit de lods et ventes est au denier douze, moitié au roi, moitié à l'abbé.

Confiscation. — La confiscation appartient au roi et au seigneur abbé.

Bois et forêts. — Il y a un bois taillis qui appartient à la communauté et dont on paye la taille.

Communaux. — Il existe deux communaux, l'un à la Bernède et l'autre dit le Tailhadou. Il y a en outre une place pour les marchés et deux petites hières ou sols aux deux extrémités de la ville pour dépiquer les grains.

Banalité. — Il y a deux moulins banaux, l'un occupé par M. l'abbé, l'autre par M. de Gotty, le tenant de MM. les religieux; plus deux fours aussi banaux, l'un à M. de Montfaucon et l'autre à M. Duilhet, et dont le roi et l'abbé ont l'habitude de prendre la moitié du revenu quitte de toute charge.

Péage. — Le droit de péage appartient aux coseigneurs.

Pontanage. — Il y a trois ponts sans aucun droit.

Censives. Poids et mesures. — La censive se paye tous les ans aux fermiers des coseigneurs. On mesure les terres par seterées (2), et les habitants se servent des mesures, poids et aunage de Pamiers.

(1) De même que les consuls, le conseil politique de la ville du Mas-d'Azil était mi-partie. Il comprenait vingt-quatre conseillers catholiques et vingt-quatre protestants.

(2) La seterée du Mas-d'Azil valait 52 ares 36 centiares.

Foires et marchés. — Il y a quatre foires par an (1), et il existait autrefois deux marchés par semaine, le lundi et le mercredi; aujourd'hui, celui du lundi a été donné à la communauté de Montbrun par arrêt du parlement de Toulouse et au préjudice du roi et de M. l'abbé.

Les habitants ont de tout temps joui du droit de chasse et pêche et de la faculté d'avoir des pigeonniers, des garennes et des viviers.

Les consuls font la visite des chemins.

Secrétaire. — Le conseil politique crée le secrétaire et les consuls.

Maison de ville. — Il n'y a aucune maison de ville aujourd'hui, mais là où se célèbre la messe était autrefois la maison de ville et l'hôpital.

Les consuls disent ensuite avoir terminé leurs déclarations.

MÉRAS (2).

L'an 1672 et le 21 novembre, dans la ville de Pamiers, par devant M° Pierre Darassus..... ont comparu les sieurs François Bouffil, consul, et Pierre Jard, habitant de Méras, députés de la communauté en vertu de la délibération du conseil du 18 novembre.

Les députés ont déclaré ce qui suit :

Etendue du consulat. — Méras est dans le diocèse de Rieux, sénéchaussée de Pamiers. Son étendue est d'une demi lieue de long et d'un quart de lieue de large. Le consulat confronte au levant, les juridictions de Serres, Sieurac, le Carla et Castex; midi, Castex; couchant, Labastide-de-Besplas, Loubaut, Latour; aquilon, Guignoulas (3) et Serres.

(1) Le marché du mercredi subsiste encore chaque semaine; et les foires se tiennent : les 13 mai, — 12 septembre, — 8 novembre, — 28 décembre.

(2) Méras est aujourd'hui une petite commune, 180 habitants, du canton du Mas-d'Azil; ses armoiries portent : d'azur à une barre d'or accompagnée de deux merlettes de même, une en chef et l'autre en pointe.

(3) Le lieu de Guignoulas, aujourd'hui disparu, est mentionné au nom-

Seigneurie. — Le roi est seul seigneur justicier haut, moyen et bas; il est en paréage pour la censive avec le comte de Rabat et M. de Monteilhas.

Consuls. — Il y a deux consuls qui portent livrée et chaperon rouge et noir; ils sont créés le jour de la Toussaint. Les consuls sortant nomment chacun deux personnes, ce qui fait quatre, et le conseil politique en nomme deux pour exercer la charge. Les consuls sortant font prêter serment aux nouveaux élus, quelquefois c'est le comte de Rabat, coseigneur qui a reçu le serment.

Justice. — Les consuls exercent la justice au nom du roi; ils ont l'entière police, la justice civile jusqu'à 3 liv. et la criminelle jusqu'à mort. Les appels des procès criminels vont au parlement de Toulouse; pour les procès civils, ils ressortissent au sénéchal de Pamiers. — Le greffe et le sceau appartiennent au roi et son fermier en prend les émoluments.

Baile. — Il y a un baile créé par le fermier du roi, pour exploiter les actes de justice.

Prisons. — Quand il y a des prisonniers faits d'autorité des consuls, ils sont remis entre les mains du baile et placés dans une maison particulière qu'ils font garder.

Lods et ventes. — Le droit de lods et ventes pour les achats se paye de 12 livres, une; pour les échanges, la plus-value s'il y en a; le roi prend la moitié de ce droit et l'autre moitié appartient aux coseigneurs : comte de Rabat et sieur de Monteilhas.

L'amende pour l'épanchement du sang est de 50 sols; 25 s. pour le roi et 25 pour les coseigneurs.

Bois et forêts. — Les petits bois qui se trouvent dans la juridiction, appartiennent à des particuliers et bientenants.

Communaux. — Il y a un petit communal dit Alpla, contenant environ trois mesures et demi; il est entouré de deux chemins de servitude et d'un chemin public vers Montesquieu et sert pour la sortie du bétail. La commu-

bre des localités de la châtellenie du Carla par Arnaud Squerrer au quinzième siècle.

nauté en paye annuellement la taille. Les habitants, de
temps immémorial, jouissent d'une terre herme et inculte
appelée la Vieusanne, qui sert de pâturage; sa contenance
est de 59 seterées, une mesure; elle confronte au levant,
la juridiction de Serres; midi, la métairie de l'Arche;
couchant, le sieur Dauliz; aquilon, la terre de Guignoulas. Dans la publication des derniers dénombrement et
arpentement, le seigneur de Castagnac se porte opposant,
prétendant que ce terrain lui appartient. La communauté en a toujours payé les tailles, s'élevant à 16 liv.
grosses.

Banalité. — Il n'y a point de moulin, de four, ni de
forge et les habitants ne se servent pas de forgeron pour
aiguiser leurs harnais aratoires.

Droit de lause. — Ceux qui ont du bétail pour le labourage, payent annuellement au fermier du roi le droit de
lause, qui consiste en 10 boisseaux de blé et 14 d'avoine,
payables par chaque habitant qui laboure avec des bœufs
ou vaches et quelqu'en soit le nombre. S'il laboure avec
des chevaux, juments ou ânes et en quel nombre que ce
soit, il paye moitié moins.

Péage. — Les fermiers du roi prennent à Méras, le
droit de péage sur ceux qui passent avec des bestiaux et
des denrées.

Droit d'acapte. — Les habitants ont, de temps immémorial, le droit de posséder dans le pays de Foix, toutes
sortes de biens et héritages, francs et exempts de toutes
servitudes, redevances et autres droits seigneuriaux.

Albergue. Fouage. Don gratuit. — Les habitants
payent chaque année d'albergue au roi, la somme de
11 liv. 14 sols. Ils payent le droit de fouage de sept en
sept ans, la somme de 7 liv., et leur portion de donation
au roi suivant les mandes qui leur sont envoyées par le
trésorier.

Poids et mesures. — Les habitants de Méras se conforment aux poids, mesures et aunage des villes voisines,
de Daumazan, Saint-Ybars et le Carla.

Les habitants ont la faculté de chasser et de pêcher,
et d'avoir des pigeonniers, garennes et viviers.

Les consuls font la visite des chemins par ordre des États.

Secrétaire. — Il n'y a point de secrétaire; quand on a besoin de retenir quelque délibération, on envoie chercher un notaire du voisinage auquel on paye la journée de travail.

Maison de ville. — Il n'y a pas de maison de ville; le conseil s'assemble devant la porte de l'église, à découvert.

Les députés déclarent n'avoir plus rien à faire connaître.

MONTGAILLARD (1).

L'an 1673 et le 23 février, dans la ville de Varilhes, par devant Mᵉ Pierre Darassus, avocat en parlement..., ont comparu les sieurs Jacmes des Camps, consul, noble Scipion de Lourde, seigneur de Montgaillard et le sieur Sacaze, députés de la communauté, en vertu de la délibération du conseil du 27 novembre 1672.

Étendue du consulat. — Le village de Montgaillard est chef de châtellenie dans le comté de Foix. Le consulat a une demi lieue environ de long et autant de large; il confronte au levant Pradières (2), ... midi, la seigneurie du seigneur de Saint-Paul; couchant, l'Ariège; aquilon, les terres de la ville de Foix.

Seigneurie. — Le roi est seigneur haut, moyen et bas, foncier et direct dans l'étendue du consulat. Il y a trois coseigneurs : M. l'abbé de Foix, M. de Saint-Pol et le seigneur de Montgaillard qui a la directe par indivis avec le roi, et a été maintenu en cette possession par un arrêt du parlement.

Justice. — Les consuls rendent la justice au nom du roi. Ils ont la police, la justice civile jusqu'à 3 liv. et la

----

(1) *Montgaillard*, commune de 850 habitants, canton de Foix.
(2) *Pradières*, commune de 270 habitants, canton de Foix.

criminelle en concurrence avec le sénéchal, les appels vont au parlement de Toulouse.

Consuls. — Il y a deux consuls qui sont chaperonnés. Ils sont créés par vingt-quatre conseillers politiques le lendemain de Pâques, entre 6 et 7 heures du matin. Huit jours après sont nommés deux syndics, l'un du conseil, l'autre du public. Ils prêtent serment entre les mains des consuls sortant, devant l'église paroissiale du lieu. Les consuls ont la faculté de créer deux marguilliers du grand autel, huit jours après Pâques et autres bassiniers.

Greffe. — Le greffe appartient au roi ; il n'y a point de sceau, et ils mettent la main pour le sceau.

Baile. — Le baile du lieu n'exploite pas, il ne fait seulement que recevoir pour le roi les captures pour les dégâts qui se font dans le lieu de Montgaillard.

Confiscation. — Les confiscations appartiennent au roi.

Château. — Il y a les masures du château dont l'emplacement appartient au roi et qui fut démoli en 1647 (1). Le sieur Delmbernard en était châtelain. Il y avait aussi des terres qui dépendaient du château et qui ont été données en fief aux habitants du lieu, par la chambre de Navarre.

Communaux. — Les habitants n'ont d'autre pâturage que la montagne du Peich, dont ils ignorent la contenance.

Banalité. — Il y a trois moulins dits d'Amont, du Milieu et de Bas. Celui d'Amont appartient au seigneur de Montgaillard et fait d'albergue au roi, tous les ans à la Toussaint, la somme de 6 liv. 10 sols ; le second paye le quart au roi, les consuls ne savent quel est le revenu du troisième.

Biens de mainmorte. — Il n'y a que l'église Saint-Maurice du lieu, située à Saint-Gemes (2), avec la maison

---

(1) « Le château de Mont-Gaillard, » dit Catel, « est appelé Castrum de Monte-Galardi dans la promesse faite au comté de Foix par le roi d'Aragon. » Il ne reste aujourd'hui du château qu'une tour carrée du quatorzième ou quinzième siècle, placée sur une élévation de la rive droite de l'Ariège.

(2) Sainte Gemme, dont la vie est demeurée inconnue, était sœur de sainte Dode et de sainte Quitterie (*Hist. de Gascogne*, Monlezun, t. I). Cette dernière a donné son nom à un faubourg et à une paroisse de Tarascon.

presbytérale dans le lieu de Saint-Gemes, qui est démolie depuis longues années et transformée en vigne. Elle est possédée depuis sa démolition par le curé du lieu ou vicaire perpétuel.

Censives et oublies. — Les censives et oublies se payent entre les mains du fermier du roi.

Les habitants ont la faculté de chasser et de pêcher; d'avoir des pigeonniers, garennes et viviers.

Secrétaire. — Le conseil de la communauté commet le secrétaire des consuls.

Maison de ville. — Le conseil se tient dans une maison particulière.

MONTAILLOU (1).

L'an 1672 et le 8 mars, dans la ville de Tarascon, par devant MM⁰⁰ P. Darassus et Jean Bastard..., a comparu le sieur Jean Bonnet, député de la communauté de Montaillou, en vertu de la délibération du conseil du 6 mai.

Après avoir prêté serment, le député a fait les déclarations suivantes :

Etendue du consulat. — Montaillou confronte au levant les terres de Comus et Camurat (2) ; midi, les terres du seigneur de Narbonne et de Landascou ; couchant, les terres de Sourjat (3) et de Prades ; aquilon, Prades. Son étendue, du levant au couchant, est d'un quart de lieue ; du midi à aquilon, trois quarts de lieue. Il peut y avoir environ huit cents seterées de terres cultivées; pour les terres incultes, on ne peut l'évaluer à cause des montagnes.

Seigneurie. — Le roi est seul seigneur haut, moyen et bas, foncier et direct.

---

(1) *Montaillou,* commune de 300 habitants, canton d'Ax, arrondissement de Foix.

(2) *Comus,* commune de 530 habitants ; *Camural,* commune de 450 habitants, toutes deux du canton de Belcaire, arrondissement de Limoux (Aude).

(3) *Sourjat* ou *Sorgeat,* commune de 500 habitants, canton d'Ax, arrondissement de Foix.

Justice seigneuriale. — La justice civile et criminelle y est exercée par le sénéchal de Pamiers.

Consuls. — Il y a deux consuls qui n'ont ni chaperon ni robe ; ils prêtent serment devant le premier qui sort de charge.

Justice consulaire. — Les consuls n'ont aucune justice ; ils n'exercent que la police du lieu.

Amendes. — L'amende du dommage appartient à celui que les consuls commettent pour la garde du dommage.

Droit de pâturage et forestage. — Pour les droits de pâturage et forestage, ils payaient autrefois au roi, de 16 à 20 livres. Mais de temps immémorial, ils ne payent plus que dix livres.

Droit de quête. — Pour le droit de quête, on paye annuellement au roi 40 livres.

Droit d'exorque et intestorie. — Pour se rédimer de ce droit, les habitants payent annuellement, à Pâques, 5 livres au roi.

Droit d'albergue. — Le droit d'albergue se paye annuellement 6 livres ; le droit de fouage, de sept en sept ans, comme dans les autres lieux du pays.

Banalité. — Il n'y a qu'un moulin appartenant au sieur Négré de Belcaire, et dont le roi prenait autrefois la moitié de la mouture ; il ne prend plus aujourd'hui que le tiers.

Don gratuit. Péage. — Les habitants font le don gratuit à Sa Majesté. — Le lieu de Comus fait seize setiers d'avoine au roi. — Chaque maison et chef de famille du consulat paye six boisseaux d'avoine aux fermiers du domaine du Languedoc. Ceux-ci sont obligés de venir faire eux-mêmes la levée du grain sur les lieux ; moyennant cela, les habitants sont exempts de péage jusqu'*al saut de la baque de la peyre trauquade.*

Communaux. — Il y a une montagne, au midi, où se trouvent quatre petits bois dont les habitants ont l'usage, et quatre vacants appelés, le bacq de Girounelle (1), côté

(1) Le bacq, dans l'idiome local, désigne une terre placée sur le versant d'une montagne et exposée au nord.

du Vals jusqu'à la peyre longue; coumo reïlhe, le baq de la tailhade et balhaques et la Cout.

Lods et ventes. — Le droit de lods et ventes se paye de douze, un; et moitié moins à faculté de rachat. Pour les échanges, il n'y a de droit que pour la plus-value.

Péage. — Les fermiers du roi prennent aussi le droit de péage sur les bestiaux, marchandises et denrées qui passent par la juridiction.

Le député ajoute encore qu'il y a deux petits moulins, l'un près de l'autre, et qui donnent le tiers de la mouture au roi.

L'étendue de la juridiction va de Rieutort et moulin au ruisseau de la font del Bouch; au coilh de la peyre rouge, à la peyre longue, jusqu'au lieu dit Sept fonts (1); de là à lorry de Coumoreilhe droit al coilh de Balagues (2), et descend droit al redailh (3) de la Cout.

Les habitants jouissent d'un petit bois appelé les Arries, planté de petits sapins, et des communaux appelés : loc de loulic, le pech de la reude, las calquades, les estourels, cabourlech, le ribal de linouty (4), le pla de la font de la Cout, le pla de la font de las mouilhes (5).

Les habitants ont encore la faculté de mener paître leurs bestiaux dans toutes les montagnes de Prades, Ignaux, Sourjat, Ascou (6), et d'y couper du bois pour leur usage.

(1) La fontaine dite des *sept fonts* se trouve au sud de Montaillou sur la limite de l'Ariége et de l'Aude.

(2) *Coilh de Balagues*, le col de Balagues est situé au sud de Montaillou et sur la ligne de séparation des communes de Montaillou et de Sorgeat.

(3) Le *redailh* est un lieu où l'herbe croit en abondance, généralement aux abords des *jasses* où le fumier des troupeaux a servi d'engrais à la terre.

(4) Le *ribal* est une sorte de ravin où se rencontre quelque peu d'herbe et où le bétail peut aller paitre.

(5) Les *mouilhes* sont de petites prairies où l'eau est toujours stagnante.

(6) Ascou, commune de 620 habitants, canton de Foix.

MONTAUT (1).

L'an 1672 et le 9 novembre, dans la ville de Pamiers, par devant M° Pierre Darassus..... a comparu Pierre Tycheire, premier consul de Montaut et député, en vertu de la délibération de la communauté du 6 courant.

Après les formalités prescrites, le député a fait les réponses suivantes aux questions qui lui ont été posées :

Etendue du consulat. — La juridiction de Montaut confronte au levant, les terres dés villes de Mazères et Belpech (2), et les lieux de Gaudiès, Labastide et le Carlaret (3); midi, le Carlaret et Villeneuve (4); couchant, Bonnac et le Vernet (5); aquilon, Mazères et Saverdun.

Seigneurie. — Sa Majesté a la justice haute, moyenne et basse. MM. les religieux de Boulbonne (6) se sont fait adjuger et prennent depuis quelques années le sixième de la justice et revenus du roi. Ils ont aussi seigneurie directe avec droit de lods et ventes.

Justice. — Les consuls exercent la justice au nom de

(1) *Montaut*, commune de 1290 habitants, canton de Saverdun, arrondissement de Pamiers. — Montaut, *Castrum de Monte alto in Bolbona* appartenait, au douzième siècle, aux comtes de Barcelone; cette place passa par un mariage dans la maison de Foix en 1124. Montaut fut mêlé aux luttes de l'hérésie albigeoise et aux guerres religieuses du seizième siècle (Lescazes, *Mémorial historique*). Ce fut le 28 octobre 1632, deux jours avant l'exécution de Montmorency, que Louis XIII signa l'ordre qui enjoignait au gouverneur de Foix, la Forest-Toyras, d'avoir à raser les châteaux de Montaut, Tarascon, Labastide-de-Sérou. Aujourd'hui, sur le monticule qui s'élève au milieu de la plaine, on voit encore un antique clocher et les restes d'une enceinte de remparts.

(2) Mazères, commune de 3400 habitants, canton de Saverdun, arrondissement de Pamiers. — Belpech, 2200 habitants, chef-lieu de canton de l'arrondissement de Castelnaudary (Aude).

(3) Gaudiès, commune, 510 habitants; Labastide de Lordat, 370 habitants, canton de Saverdun. — Le Carlaret, commune de 210 habitants, canton de Pamiers.

(4) Villeneuve du Paréage, commune de 550 habitants, canton de Pamiers.

(5) Bonnac, commune de 840 habitants, canton de Pamiers; le Vernet de Canteraine, commune de 500 habitants, canton de Saverdun.

(6) Le monastère cistercien de Boulbonne, au confluent de l'Ariège et de l'Hers, qui fut une des plus belles abbayes de l'ordre et lieu de sépulture des comtes de Foix.

Sa Majesté et assistés d'un assesseur. Les causes ressortissent au sénéchal de Pamiers et au parlement de Toulouse. Ils ont aussi la police. — Le greffe appartient à Sa Majesté.

Consuls. — Il y a quatre consuls qui portent seulement le chaperon rouge et noir. Ils sont créés tous les ans, à la Toussaint, par le conseil politique, sur la désignation de huit personnes du conseil, faite par les consuls en charge et après approbation du procureur du roi. Ils prêtent ensuite serment après la grand'messe, sous le couvert de la place, entre les mains du premier consul sortant ou du premier de leurs collègues; sauf chaque six ans où les religieux de Boulbonne viennent pour le faire prêter aux consuls. Il est ensuite créé des syndics de la communauté, choisis par le conseil politique sur quatre membres.

Baile. — Il n'y a point de baile, mais le fermier des droits de Sa Majesté porte le nom de baile, et cela comme fermier du bailliage qui s'étend plus loin que la juridiction de Montaut.

Lods et ventes. — Les lods et ventes se payent au denier douze au fermier de Sa Majesté et aux religieux de Boulbonne.

Confiscation. — Les confiscations appartiennent au roi.

Communaux. — Il y a un communal appelé de Boulbonne où la communauté avait eu de tout temps l'usage de dépaissance, sauf depuis quelques années où, par sentence arbitrale, les deux tiers furent adjugés aux religieux de Boulbonne et le tiers restant à la communauté. Les uns et les autres demeurent maintenus dans ces droits par jugement des commissaires députés à la réformation des eaux et forêts. Aux environs, il y a trois ou quatre petits communaux appelés de Bellocoste, les Pradinals, Tournomire et Bourtoulou, et qui sont purement des chemins traversés par d'autres.

Banalité. — Il y a à Montaut un four banal dont le roi prend le vingtième pain avec le chapitre de Mirepoix et les héritiers Siérés auxquels on dit que les rois prédécesseurs de Sa Majesté, ont donné la moitié de ce ving-

tième, à charge par eux de fournir le bois nécessaire
pour le chauffage et de faire les entières réparations du
four. Chacun des habitants de la juridiction peut avoir
son four en payant 12 sols pour le droit de fournage. Les
habitants et bientenants vont moudre leurs grains à
Bonnac, au Vernet, Gaudiès, Belpech, Mazères; car il n'y
a que trois moulins à vent appartenant deux aux sieurs
Cousin et l'autre au sieur de Las Rives pour lesquels ils
payent au roi, les Cousin : 3 setiers de blé ou carrou et
une paire de chapons, chacun; le sieur de Las Rives
2 setiers et une paire de chapons. Il n'y a point de forge
banale; chacun peut en avoir une en payant au fermier
du roi par an : 10 ou 12 mesures de carrou, blé et seigle.

Leude, Péage. Mazel. — Le roi prend le droit de péage
et leude sur tout ce qui passe dans la juridiction, comme
il est exprimé dans le leudaire qui doit être fourni au
fermier de Sa Majesté. — Il n'y a pas de boucheries bana-
les. Le boucher qui sert le lieu de Montaut est obligé de
donner au fermier du bailliage du roi toutes les langues
des bœufs qu'il tue, sauf la sixième qui est prise par les
religieux de Boulbonne; il en est de même du péage.

Gentilshommes. Biens de mainmorte. — Il y a dans la
juridiction le sieur de Pontaud. L'abbé de Combelongue et
les religieux de Boulbonne jouissent noblement de la plus
grande et meilleure partie de la juridiction de Montaut.

Droit d'agrier. — Le roi prend le droit d'agrier sur certaines pièces, de dix, un.

Censives et oublies. — Les censives et oublies se
payent chaque année, à la Toussaint, selon les reconnaissances. — Ils se conforment aux poids et mesures de
Pamiers.

Les habitants ont la faculté de chasser et de pêcher;
d'avoir des pigeonniers, des garennes et des viviers.

Secrétaire. — Les consuls avec le conseil politique
commettent le secrétaire.

Maison de ville. — Les consuls possèdent une maison
de ville.

Le consul ajoute qu'il sait que, de tout temps, les habitants du Carlaret en Languedoc ont payé chaque année

au roi, entre les mains du fermier et baile de Sa Majesté,
à Montaut, 5 francs d'or, comme il appert des livres des
censives.

_____

MONTOULIEU-SEIGNAUX-PRAYOLS (1).

L'an 1674 et le 14 novembre, dans la ville de Foix,
par devant Mᵉ Pierre Darassus, avocat en parlement......
ont comparu Pierre Aybram, marguillier de la paroisse
de Montoulieu ; Jean Laguerre, marguillier de Seignaux,
et Jean Garaud dit Couguet, marguillier de la paroisse de
Prayols, agissant pour les trois lieux composant la paroisse de Montoulieu, en vertu de la délibération du conseil du 2 courant.

Les marguilliers ont fait les déclarations suivantes :

Etendue du lieu. — Montoulieu est chef de paroisse, Seignaux et Prayols en sont des membres dépendants. — La
paroisse confronte au levant, le fleuve de l'Ariège ; midi,
les lieux d'Amplaing et d'Arignac (2) ; couchant, les montagnes de ces lieux ; septentrion, le village de Ferrières (3) ;
son étendue est d'une demi-lieue carrée.

Justice. — La paroisse dépend du consulat de Foix, de
la justice du roi et du seigneur abbé de Foix en paréage.

Seigneurie. — Les sieurs d'Usson et de Ganac sont seigneurs directs au lieu de Montoulieu.

Baile. — Il y a un baile établi par les consuls de Foix.

Lods et ventes. — Le droit de lods et ventes se paye
au denier douze et est perçu par les seigneurs directs de
la façon suivante : les seigneurs d'Usson et de Ganac con-

_____

(1) Montoulieu, 900 habitants ; Prayols, 400 habitants, sont deux communes du canton de Foix ; Seignaux est un hameau de la commune d'Amplaing, au sud de Montoulieu.

(2) Amplaing, commune de 250 habitants, canton de Foix. Non loin de ce
village, au Castel Penent, était la première résidence des comtes de Foix.
— Arignac, commune de 800 habitants, canton de Tarascon. Le seigneur
d'Arignac avait le rang de second baron du comté.

(3) Ferrières, commune de 200 habitants, canton de Foix.

jointement aux lieux de Montoulieu et Seignaux, et le seigneur de Ganac seul pour le lieu de Prayols.

Confiscation. — La confiscation appartient au roi, et les députés ignorent si le seigneur paréager y a quelque droit.

Bois et forêts. — A la reilh, dans Montoulieu, il y a quelques taillis dont les habitants ont l'usage.

Ils payent le droit de fouage de sept en sept ans.

Communaux. — Il n'y a d'autres communaux et pâturages que ceux des montagnes.

Banalité. — Il y a un moulin à Prayols et un autre à Montoulieu.

Censives. — La censive que les habitants payent au sieur d'Usson est de 20 livres; le sieur de Ganac la tire de particuliers qui lui sont redevables.

Les marguilliers ajoutent que le lieu de Prayols fait annuellement d'albergue au roi, 1 livre 14 sols; Montoulieu et Seignaux payent une redevance annuelle de 10 livres, à titre d'albergue, à la dame des Salenques.

_____

PAMIERS (1).

L'an 1670 et le 3 décembre, dans la ville de Pamiers, par devant M° P. Darassus..... ont comparu, noble Jean Desserres, sieur de Lastourelles, noble Charles de Ferieres, viguier; les sieurs Jean Cassaing, bourgeois; Claude Lajus, marchand; Arnaud Lamoulhe, marchand chirurgien, juré de Pamiers et lieutenant du premier chirurgien du roi en la ville, diocèse et sénéchaussée; Joseph Villeuret, marchand apothicaire, tous consuls de Pamiers, assistés de M° Jean de Ferieres, lesquels agissent au nom de toute la communauté, en vertu de la délibération du conseil du 27 novembre dernier.

_____

(1) *Pamiers,* 11,995 habitants, chef-lieu d'arrondissement du département de l'Ariège.

Après avoir prêté serment, les députés ont fait les déclarations suivantes :

La ville de Pamiers est sise joignant le pays de Foix, et en est néanmoins distincte et séparée. Cette ville a été un des sièges de la royauté Wisigothe, depuis passée en la domination des comtes de Carcassonne, qui la transférèrent par donation à l'abbé et aux religieux de Saint-Antonin. Elle fut ensuite érigée en évéché, comme elle l'est aujourd'hui, et le comte de Foix fut appelé en paréage, laissant aux habitants les privilèges dont ils avaient toujours joui, en les maintenant en l'exemption de toutes charges et impositions, comme l'ont fait les feus rois Henri le Grand, Louis XIII et celui qui règne actuellement, depuis que la ville a été incorporée à la couronne de France par une volontaire soumission des habitants et non par conquête.

Limites du consulat. — La juridiction de Pamiers confronte au levant, les Allemans (1) et Verniolle; midi, Rieux, Varilhes, Bénagues et Saint-Bauzeil (2); couchant, Saint-Victor (3), Escosse, Laffite, Baulias et Puchauriol (4); septentrion, Bézac, Bonnac, le Vernet, Montant et Villeneuve.

Seigneurie. — Il y a siège épiscopal et siège présidial. La seigneurie est en paréage entre Sa Majesté, le seigneur évêque et le chapitre cathédral, auxquels appartiennent les droits de leude, péage, coupe de grains et certain droit de directe et semine sur des pièces particulières. Le reste du fonds de la ville et de la juridiction est noble et allodial. En outre, le roi, l'évêque et le chapitre prennent en la ville le droit de la coupe du sel, les lundi, mardi, mercredi et jeudi. La trente-sixième partie du droit de la coupe du sel, les vendredi et samedi, ap-

(1) *Les Allemans*, commune de 800 habitants, canton de Pamiers.

(2) *Rieux de Pelleport*, commune de 513 habitants, canton de Varilhes. — *Bénagues*, commune de 200 habitants, canton de Pamiers. — *Saint-Bauzeil*, commune de 125 habitants, canton de Varilhes.

(3) *Saint-Victor-Rouzaud*, commune de 375 habitants, canton de Pamiers.

(4) *Puchauriol*, hameau de la commune de Pamiers au nord du domaine de Laffite.

partient à l'évêque, au chapitre et aux particuliers nobles entre lesquels elle est partagée selon le droit de chacun. Il y a des particuliers qui jouissent de certaine directe en divers endroits de la ville et de sa juridiction; mais ils n'en connaissent pas les limites, car ils sont répartis çà et là. En vertu des privilèges et coutumes de la ville, le président envoyé par Sa Majesté pour la réunion des Etats de Foix est tenu de venir à Pamiers, les habitants en étant nobles; de les assembler dans la maison commune et de leur faire connaître ce qui a été délibéré aux Etats du pays de Foix et ce qui est nécessaire pour le service de Sa Majesté. La communauté de la ville ou le conseil ordonne, par une volontaire soumission, qu'il sera donné à Sa Majesté certains deniers reçus par le trésorier du roi sous forme de prêt, sans que, par ce don, les habitants puissent être contraints par le trésorier ou collecteur (1) sur leurs biens et personnes en particulier et émoluments de la ville.

Justice. — La justice est exercée au nom du roi et de l'évêque alternativement. L'année qui échoit au roi, la justice était exercée par un juge royal et procureur du roi qui était le lieutenant, et à présent par le sénéchal et siège présidial où ont été incorporés les deux officiers, lors de la création de la sénéchaussée. Pour l'année de l'évêque, la justice est rendue par des officiers qu'il crée à sa volonté. Les appels des sentences du juge pour les causes civiles vont au sénéchal et présidial, et du sénéchal au parlement de Toulouse, de même que les affaires criminelles.

Consuls. — Tous les ans, à Pâques, il est créé six consuls et deux syndics, dans les formes prescrites par les concessions et arrêts tant du conseil privé du roi que du parlement de Toulouse. Leur serment de fidélité est reçu par le juge-mage (2) de Pamiers, pour le roi, et par l'évêque ou, en son absence, par son vicaire général. Les

---

(1) Le *collecteur* ou receveur municipal était nommé par les consuls le lendemain de leur élection ou le dimanche suivant.

(2) Le *juge-mage* était le président du présidial.

consuls ont la faculté de porter robe et chaperon écarlate,
d'élire chaque année un receveur pour la levée des émoluments et deniers municipaux de la ville, des auditeurs
de comptes (1), et de créer six sergents pour instrumenter
en ville et dans la juridiction. Ils ont aussi l'intendance
des affaires des hôpitaux et autres prérogatives contenues
dans leurs privilèges. Ils créent en outre, chaque année,
deux juges de police.

Greffe. — Le greffe de la justice civile, criminelle, politique et cour ordinaire de la ville et juridiction appartient de tout temps aux consuls, qui ont faculté de mettre
sur leurs actes le sceau et les armes de la ville. Il y a eu
un juge d'appeaux (2) qui connaissait des appels de la
cour des consuls en matière civile seulement. Le juge
d'appeaux se fit réduire en ordinaire pour connaître des
causes civiles n'excédant pas 60 sols, privativement aux
consuls (3), et des criminelles par concurrence avec eux,
contre la teneur des privilèges particuliers de la ville.

Viguier. — Il y a un viguier (4), une année pour le roi
et l'autre pour l'évêque. Les consuls ont la faculté de
le mander pour venir prêter serment entre leurs mains,
après la nouvelle création des consuls. — Le viguier connaît des procès qui viennent sur les exécutions faites en
vertu des lettres de rigueur prises du sceau de la temporalité de la ville (5).

Prisons. — Il y a des prisons au palais présidial, gou-
vernées par les officiers du siège qui y tiennent un concierge; ils ne savent quels sont les émoluments et qui en
fait la réception. Pour la justice des consuls, leurs prisons se trouvent dans la maison commune, gardées par
le concierge et mandataire du conseil politique, auquel

(1) Les *auditeurs des comptes* étaient nommés par les consuls et devaient
examiner les comptes dans les deux mois de l'expiration du mandat des
consuls.
(2) Le *juge d'appeaux* connaissait en appel des sentences rendues par les
tribunaux inférieurs de la sénéchaussée.
(3) *Privativement* aux consuls, c'est-à-dire exclusivement.
(4) Le *viguier* correspondait aux prévôts royaux de Provence et de Languedoc.
(5) La *temporalité de la ville* signifie : juridiction séculière.

la communauté donne des gages en outre de ce qui peut profiter du droit de geôle, droit dont les habitants sont exempts.

Contrôle. Lods et ventes. — Il n'y a point de droit de saisies et exécutions; mais les habitants payent celui de contrôle depuis son établissement. Ils payent aussi le droit de lods, des biens qui sont sujets à la directe, entre les mains des fermiers du roi, de l'évêque et du chapitre.

Confiscation. — En cas de crime ou condamnation, la confiscation est faite au profit du roi et du coseigneur.

Château. — Il y avait autrefois un château nommé le château de Frédoulas (1), dont il ne reste que les masures et que Sa Majesté a donné à l'évêque. Il y avait aussi deux maisons communes, l'une pour le service de la communauté et où sont les prisons des consuls, et l'autre érigée en palais présidial.

Bois et forêts. — Il n'y a pas de bois de haute futaie, mais la communauté jouit de la moitié du terroir herme appelé bois de Boulbonne (2), et du côté qui regarde la

(1) Le château de Frédélas était situé sur le mamelon, transformé aujourd'hui en belle promenade et appelé le Castella. Il n'entre pas dans le cadre de notre étude de nous étendre sur les origines de la ville de Pamiers et du château de Frédélas; voir pour cela : J. Ourgaud, *Notice historique sur la ville de Pamiers*; J. de Lahondès : *Les annales de Pamiers.*

(2) La possession du terroir de la Boulbonne par la communauté de Pamiers remonte au treizième siècle. En 1241, dans une sentence arbitrale rendue entre Morin, abbé de Pamiers et le comte Roger de Foix; on trouve qu'il *n'est permis ni à l'un ni à l'autre d'avoir cabanes ni bestiaux dans ce terroir; car il est manifeste que le bois de Boulbonne appartient depuis très longtemps aux consuls, manants et habitants de Pamiers.* Nous voyons ensuite des titres de 1308-1309 contenant des appels relevés par la communauté, d'actes survenus entre Philippe-le-Bel, l'évêque et le chapitre de Pamiers qui se partageaient ce terroir sans l'intervention de la communauté. Un procès-verbal du commissaire du roi Thibaut Mulet en 1319, fait connaître l'étendue de ce bois par l'indication de ses limites; il devait renfermer environ 4000 seterées. Dans le courant des quinzième et seizième siècles on trouve des arrêts du Parlement de Toulouse adjugeant à la communauté de Pamiers des parcelles du bois qui leur avaient été enlevées. — Nous possédons une pièce fort curieuse, le procès-verbal de partage du communal de la Boulbonne entre les habitants de Pamiers, à la date du 1er juin 1790. Il fut divisé en six moulons et réparti entre 1110 citoyens dont le document donne la liste, le domicile et indique la quantité de terre adjugée.

ville de Pamiers, noble, franc de toutes charges, avec
toute justice haute, moyenne et basse, l'autre moitié du
terroir appartient à Sa Majesté, à l'évêque et au chapitre. — Les consuls, syndics et habitants de la communauté jouissent de l'exemption des leudes, malette (1)
et forestage en tout le pays de Foix; ils peuvent couper
du bois et faire paître leurs bestiaux dans les forêts et
bois du comté et particulièrement aux montagnes de Vic-
de-Sos. — La ville et juridiction de Pamiers sont hors
des limites des gabelles du sel.

Pâturages. Communaux. — Les habitants jouissent des
fossés, fortifications et courtines, tant dedans que dehors. — La communauté possédait un collège (2), à présent ruiné, construit pour l'instruction de la jeunesse,
composé de quatre classes, avec la maison d'habitation
des régents; les révérends pères Jésuites étaient chargés
de l'instruction. — La communauté possède aussi un temple qui sert pour les petites écoles, avec pâtus et cou-
verts; trois hôpitaux pour loger les pauvres, dont deux
ruinés et l'un en bon état, avec les rentes et possessions
qui en dépendent. — A cause des guerres passées, il fut
construit, pour le service du roi et pour maintenir la ville
en son obéissance, quatre bastions autour de la motte où
était assis le château; la communauté avait acquis, des
particuliers, l'emplacement des bastions. — Elle possède
aussi les masures de la Caussade, de Nerviau et la Por-
tanelle (3). — La communauté jouit aussi de six places ou

(1) Qu'était-ce que le droit de malette? En rapprochant la signification du
mot espagnol *maletta*, valise, de la définition donnée par Ducange : *eques-
tris sarcina*, nous sommes amenés à penser que le terme malette désignait
un léger bagage porté sur les chevaux et qui était vraisemblablement frappé
d'un droit.

(2) Le collège des Jésuites, établi à Pamiers au seizième siècle, était le
deuxième en date. Un instant chassés de la ville durant les troubles de la
Réforme, les Jésuites y rentrèrent bientôt et firent prospérer cet établissement
jusqu'au moment de la suppression de l'ordre en 1764. Louis XV, par lettres patentes de décembre 1765, fonda, à la place, un collège composé d'un
principal, de professeurs de philosophie, de rhétorique, seconde, troisième
et basses classes. Il est aujourd'hui, à bon droit, considéré comme le meilleur établissement d'instruction secondaire de la région.

(3) De ces masures, aujourd'hui disparues, nous savons que la Caussade,

lieux publics dans la ville : la place du Marcadal, celle du marché au blé, celle du Camp, celle de las Capelles, celle des Carmes et des Cordeliers (1). En outre, six autres lieux hors la ville, nommés : la Croix del blad, la plaine du Pont-Neuf, celle du moulin du Pont, celle de Saint-Antonin, celle de l'hôpital de la Grave en laquelle un des hôpitaux a été bâti et celle du pont de Cailloup (2). La communauté tient encore les places, prés, lacs qui sont au-dessus et au-dessous du pont de la porte d'Encolomies, autrement des Carmes. Toutes ces places servent à tenir les foires et marchés, à faire paître les bestiaux des bouchers, et sont ornement de communauté et bienséance des habitants. La communauté jouit en propriété de toute la rivière de l'Ariège, bras et canaux, des rivages de l'un et l'autre côté, dans toute l'étendue du consulat et de la juridiction, des îles et mijanes (3) qui sont dans cette étendue. — Elle possède aussi la rive appelée Saint-Jean (4) et les deux mottes de terre appelées Rodomilla et la Rode (5), servant à retirer les eaux.

Banalité. — La communauté possède les moulins à farine et foulons sis sur la rivière de l'Ariège et les canaux : le moulin du Pont-Neuf, de Lestang et moitié de celui des Carmes, l'autre moitié appartient à deux particuliers. Elle possède les moulins foulons de la Punte et de Colly, le bézal du lac de l'un des moulins, dit de Lestang (6). Ce lac est mis en pré quand les eaux en sont

de caoussado, chaussée, pavé, se trouvait entre la butte du Castella et l'Hôpital.

(1) Toutes ces places existent aujourd'hui, celle du marché au blé est occupée par une belle halle couverte.

(2) La Croix del blad se trouve à côté des casernes actuelles. L'hôpital de la Grave a disparu entièrement; son emplacement très vaste, au bord de l'Ariège, a pris le nom de Jeu-du-Mail. Le pont de Cailloup servait à relier la ville à l'abbaye Saint-Antonin, aujourd'hui métairie de Cailloup, et où l'on voit encore des restes de chapelle romane; une pile de ce pont se distingue sur la rive gauche de l'Ariège.

(3) Les *mijanes* sont les bords de rivière où croissent des plantes aquatiques.

(4) Hauteur sur laquelle se trouve le cimetière dit de Saint-Jean.

(5) On exploite aujourd'hui une sablière au tertre de Redomilla, et le calvaire est situé au sommet de la butte de la Rode.

(6) On appelle *bézal* un canal qui coule à l'est de la ville. Le lac du mou-

retirées et mises au canal. Pour la jouissance de ces moulins et la faculté d'en construire d'autres dans la juridiction, les habitants sont tenus de payer une redevance annuelle de seize setiers de blé, mesure de Pamiers, moitié au roi et moitié à l'évêque et au chapitre. Il y a en outre, sur un des canaux, un moulin à farine et un foulon appartenant au sieur de Bernejoul. Dans la ville sont plusieurs fours qui font une rente annuelle au roi et à l'évêque, entre les mains de leurs fermiers.

Mazels. — Il y a, dans la ville, trois hautes boucheries et trois basses, que les consuls afferment chaque année. Personne n'y prend rien, si ce n'est la communauté, par un privilège particulier, qui a un droit d'aide servant d'émolument, avec les droits de faux poids, courtage, gouratage (1), encan et cri du bin. La ville a la faculté de tenir des poids et mesures comme bon lui semble. Les consuls peuvent imposer sans en demander la permission, après que le conseil ordinaire l'a reconnu nécessaire. La communauté a le privilège de demeurer exempte de toutes charges et redevances, et personne ne peut mettre aucune imposition sur les habitants et leurs biens sis dans la juridiction.

Pontanage. — Les habitants sont exempts de tous droits de pontanage et de leude dans tout le pays de Foix. Tous les ponts qui sont sur l'Ariège et les canaux, dans l'étendue de la juridiction, appartiennent à la communauté, qui les tient réparés à ses frais. A l'endroit dit Saint-Martin (2), il y a un bateau attaché à une corde pour le service de la métairie d'un particulier et d'autres alentour.

Leude. Péage. — Les étrangers payent le droit de

---

lin de Lestang était un vaste marécage placé au-dessous de Saint-Jean et de Rodomilla. Sous l'administration de M. J. Barrière, maire de Pamiers, cet étang a été converti en une immense et belle promenade complantée d'arbres, qui porte actuellement le nom de Millane.

(1) *Gouratage* est synonyme de courtage; ce terme vient de *gouratié*, courtier, et de *goura*, errer de tous côtés pour vendre la marchandise.

(2) La plaine de Saint-Martin sur la rive gauche de l'Ariège possédait autrefois un hôpital du même nom remplacé aujourd'hui par des briqueteries; un pont au Jeu-du-Mail la reliait à la ville. On voit que déjà, à l'époque de ce dénombrement, le pont n'existait plus.

leude et péage aux fermiers de Sa Majesté et des coseigneurs.

Biens de mainmorte. — Il y a divers biens possédés par des chapitres, religieux et bénéficiers. Tous les habitants de la ville ont la faculté d'avoir leurs maisons et terres, nobles et allodiales, excepté celles qui sont tenues en semine et qui sont du roi, de l'évêque, du chapitre ou des particuliers qui ont directe.

Aucun étranger ne peut venir loger dans la ville sans la permission des consuls.

Poids et mesures. — Le quintal est de 104 livres; la la livre, de 16 onces; l'once, de 8 ucheaux. La canne est de 8 pans. Le setier de grains de 8 mesures, le setier bon et marchand pesant 200 livres; la mesure, de 4 boisseaux. La pipe de vin est de 12 barals; chaque baral, de 18 pintes; chaque pinte, de 4 ucheaux; l'ucheau, 1 livre. La cesterade de terre est de 8 mesures (1).

Les consuls ignorent quelles sont les censives et oublies pour n'en avoir jamais payé.

Foires et marchés. — La communauté, par concession des coseigneurs, jouit de quatre foires par an, et de trois marchés par semaine. La première foire est à Carême prenant; la seconde à la fin du mois de mai; la troisième, au mois de septembre, le jour de Saint-Antonin, et la quatrième, en novembre, le jour de Sainte-Catherine. Les marchés ont lieu les mardi, jeudi et samedi (2).

Les consuls, syndics et habitants de la ville et de la juridiction ont la faculté de construire des maisons avec tours, créneaux et penonceaux; de chasser et pêcher de toute manière; d'avoir des pigeonniers, garennes et viviers.

(1) La seterée valait 71 mètres 275, elle comprenait 4 pugnères ou 8 mesurées ou 32 boisselées. Pour la vigne, la seterée se divisait en 10 journaux et valait 70 mètres. La canne carrée était de 1 mètre 76. La livre valait 412 grammes. Le setier, mesure de capacité, valait 110 litres 58; il comprenait 4 quartières ou 8 mesures ou 32 boisseaux.

(2) Les marchés se tiennent le samedi de chaque semaine, les foires sont : le lundi avant le lundi gras, le 28 mai, le 3 *septembre jour de Saint-Antonin*, le 25 *novembre, jour de Sainte-Catherine*; il y a foire le premier samedi de mois.

Les consuls et syndics procèdent à la visite des chemins qui sont entretenus aux frais de la communauté.

Garde. — Quand il y a bruit de guerre, ce sont les habitants qui gardent la ville.

Portes. — Les consuls et le conseil commettent les portiers qui sont payés sur les émoluments de la communauté.

Murailles. — Les réparations des murailles, tours et sentinelles sont faites aux frais de la communauté.

De tout temps la communauté a eu la faculté d'empêcher les étrangers et revendeurs de la ville d'acheter au marché avant dix heures. La coutume était de créer deux juges de police qui se tenaient avec les fermiers du faux poids sur la place du marché, et devaient confisquer au profit des pauvres les choses achetées avant dix heures.

La communauté, par privilège particulier, peut empêcher l'entrée du vin qui ne sort pas du consulat de la ville.

PRADES (1).

L'an 1672 et le 8 mars, dans la ville de Tarascon, et par devant MM^{es} P. Darassus et Jean Bastard..., a comparu le sieur Jean Arien de Manaud, premier consul de Prades, agissant en vertu d'une délibération du conseil politique du 4 mars.

Après avoir prêté serment, le député a fait les déclarations suivantes :

Seigneurie. — Le roi est seul seigneur haut, moyen et bas du lieu de Prades.

Étendue du consulat. — Le lieu de Prades confronte, au levant, les terres de Comus, ruisseau au milieu, qui fait aussi la limite du comté de Foix et de la terre royale de Sault; midi, les terres de Montaillou, Sorgeat et

---

(1) Prades, commune de 510 habitants, canton d'Ax, arrondissement de Foix. Ses armoiries sont : d'azur à une croix d'or.

Igneaux; couchant, les terres de Causson; aquilon, le seigneur de Labastide, pour les terres dites de Basqui (1). et le seigneur de Mirepoix. Du côté du levant les limites vont jusqu'à l'embouchure de la Frau (2); et du côté du midi, les limites vont jusqu'au redailh de la Court Serre Jean; droit al col de Balagues, à lorry de Commebeilhe (3). puch bentiez, à la peyre albe, où il y a une croix, als bals de la Jasse de Pradou (4), al col de Chiula, aux goutines droit al col de Marmare (5), et de là al pas de trauquié, al prat bert serre sergent (6), droit al roc de la Ramure, et de là droit al col de lenus, le saut del porc, descendant au ruisseau de font albe (7), estang tort; de là, le long du ruisseau, droit la birade del Besqui, al pradel, tout le long du ruisseau jusqu'à l'embouchure de la Frau, et joint le ruisseau de Rieutort. — L'étendue du consulat, du levant au couchant, est de trois quarts de lieue environ, et d'une lieue, de midi à aquilon. Il renferme aussi, à peu près, mille seterées de terres cultivées.

En outre des droits que les habitants payent à S. M., chaque maison et chef de famille paye, au fermier du

(1) La forêt et métairie de Basqui se trouvent actuellement au nord-ouest de Prades. — Basqui de *baski* en gallois, forêt coupée.

(2) Le ruisseau de la Frau est probablement un petit affluent de l'Hers et qui passe à Prades. La montagne de ce nom sépare les vallées de l'Hers et du Touyre.

(3) *Lorry de Commebeilhe* est mentionné dans le dénombrement d'Ax (*Notice sur Ax*, Marcailhou d'Aymeric), d'après lequel sa situation serait au-dessous de Montaillou.

(4) La *jasse* est un lieu sur la montagne où le bétail se rassemble pour passer la nuit.

(5) Les cols de Chiula (*chuloa, porte*, en basque) et de Marmare se trouvent au sud-ouest de Prades. La route qui va de Luzenac dans l'Aude passe au col de Marmare; celui de Chiula est traversé par la route qui, partant d'Ax, va rejoindre la précédente au col de Marmare. — Les *goutines*, de *goul* en gallois, forêt, désignent encore des lieux boisés sur la montagne.

(6) A notre avis, *serre sergent*, qui pris à la lettre ne signifie rien, est une erreur du copiste. C'est *serre serrant* ou *serra serviente* ou *serrante* qu'il faut lire. Nous voyons, par exemple, à chaque instant dans le dénombrement du Donezan, le terme *serre serrant*. Cette formule semble indiquer que la limite suivait la crête des montagnes.

(7) La Fontalbe à l'ouest de la forêt de Basqui donne naissance à un petit ruisseau qui longe la forêt au nord et se jette dans l'Hers.

domaine de Languedoc, une mesure d'avoine que celui-ci est tenu de venir prendre sur les lieux; la communauté lui fait annuellement 11 sols 8 deniers d'argent ; moyennant quoi les habitants sont exempts de péage jusqu'au saut de la Bacque, et jusqu'à la Peyre trauquade.

Consuls. — Il y a quatre consuls à Prades qui portent la livrée rouge et noir ; mais il est vrai que depuis quelque temps, l'usage de porter la robe ne se pratique plus. Les consuls sont créés le jour de Saint-André, et prêtent serment devant le juge-mage de Pamiers, s'il se trouve présent, le jour de Noël après la messe de l'Aube ; et, en son absence, entre les mains du premier consul qui sort de charge.

Justice. — Les consuls ont la police ; ils exercent la justice civile jusqu'à trois livres, et au-dessus elle appartient au sénéchal de Pamiers. Ils ont la justice criminelle avec un assesseur par concurrence avec le sénéchal.

Greffe. — Le greffe appartient au roi et s'afferme avec les autres droits du bailliage. Il y a un sceau dont les consuls se servent pour sceller leurs actes.

L'amende pour les dommages faits par les bestiaux appartient à celui que les consuls commettent à la garde des dommages.

Banalité. — Chaque habitant a la faculté d'avoir un four chez lui.

Droit de quête. — Le droit de quête se paye annuellement au fermier du roi, 24 livres.

Albergue. Fouage. Censives et oublies. Lods et ventes. — Le droit d'albergue est de 12 livres. Le fouage se paye de sept en sept ans, comme dans les autres lieux du comté. On paye au roi une mesure d'avoine par maison ; dans ce droit sont réduits les censives, oublies et bladage. — Le droit de lods et ventes est de douze, un, payable par celui qui vend ; et par moitié, à faculté de rachat ; pour les échanges, il n'y a de droit que pour la plus-value. — Le roi prend le tiers de la mouture des moulins qui sont dans le consulat : cinq sur le ruisseau de Rieufred (1) et

(1) Le col de Rieufred se trouve au sud de Prades ainsi que la fontaine

un près de Comus et sur le ruisseau de Rieutort. — Le fermier de Sa Majesté prend à Prades le droit de péage des marchandises et autres denrées. — La communauté paye le don gratuit annuellement.

Le lieu de Comus fait annuellement au roi seize setiers d'avoine.

Communaux. — Les consuls ont un bois et communal au lieu dit al boc, à Rieufred, a clot Baïart et à Drazet (1). Ils possèdent ensuite les vacants al pla de Sept cazers, à Cardonnet, à las Ferrières, al Basqui, à Lourza (2), à Fontfrède, al pla de la Croux de Jangle, enfin à Marmade et al Graine.

Les habitants ne payent pas de droit de péage, depuis le Pas de la Barre (3) jusqu'à l'Abet courounat, près de l'Hospitalet.

Chaque chef de famille paye annuellement au seigneur de Labastide, un boisseau et demi d'avoine, sans savoir pour quel motif.

Après avoir entendu la lecture de ces déclarations, le consul a dit n'avoir rien à ajouter.

QUIÉ (4).

L'an 1672 et le 9 mars, dans la ville de Tarascon, par

---

de Fontfrède, source du ruisseau de Rieufred qui alimente plusieurs moulins et se jette dans l'Hers, rive droite.

(1) Le bois de Drazet se trouve au sud de Prades; ses délicieux ombrages et sa limpide fontaine sont souvent visités par les touristes qui parcourent le pays.

(2) *Lourza* est un hameau de la commune de Prades.

(3) Le *Pas de la Barre* est un endroit entre Saint-Jean-de-Verges et Vernajoul où les montagnes, en se resserrant, ne laissent qu'un étroit passage à l'Ariège. C'était la limite qui séparait le haut et le bas comté. — L'*Abet courounat* est un point du col de Puymaurens (sapin couronné, de *abel*, sapin, en patois). Le Pas de la Barre et le col de Puymaurens étaient les limites extrêmes au nord et au sud du haut comté de Foix.

(4) Quié, commune de 160 habitants, canton de Tarascon, ancienne châtellenie. Quié ou Ker, dont on distingue encore les restes informes du château paraît avoir été le siège de la tribu Euske des Kéruskes (M. A. Garrigou, *Etudes hist. sur le pays de Foix*).

devant M⁰ˢ Pierre Darassus et Jean Bastard..... a comparu le sieur Jean Vexance, un des consuls des lieux de Quié, Surba et Bannat, agissant en vertu de la délibération du 6 courant.

Déclarations du sieur Jean Vexance :

Étendue du lieu. — Quié, Surba, Bannat et Siguer sont chef de châtellenie. La juridiction confronte l'Ariège, les terres du seigneur d'Arignac et celles de Saurat; au couchant, la seigneurie de Rabat, Gourbit (1) et Couserans; au levant, passat le pont d'Alliat (2), incluse l'église de Sabar avec son annexe de Saint-Pierre (3); la seigneurie de Tarascon, de Niaux, de Miglos et d'Andorre, inclus le port, eau versant vers Siguer jusqu'à la terre de Vic-de-Sos, inclus la rivière de Siguer et celle de Vic-de-Sos, du pont de la Ramade (4) jusqu'à l'Ariège majeure du comté de Foix. — Dans ces limites sont compris les lieux et masages suivants dépendants de la châtellenie : Lercol, Siguer, Salhac, Gestiès, Capoulech, Aliat, Genat, Lapège, Niaux, Junac, Bannat dessus, Bannat dessous, Surba, Florac (5).

Seigneurie. — Le roi est seul seigneur haut, moyen et bas.

(1) *Gourbit*, commune de 760 habitants, canton de Tarascon.

(2) Le pont d'Alliat est jeté sur la rivière de Vic-de-Sos. — Alliat est un hameau au sud de Tarascon.

(3) L'église N.-D. de Sabart, lieu de pèlerinage fréquenté, remonte à la fin du huitième siècle, selon M. A. Garrigou (*Notice sur Sabart*). Il n'est resté aucun souvenir de son annexe de Saint-Pierre.

(4) Le pont de la Ramade, sur la rivière de Siguer, presque au point où celle-ci se jette dans la rivière de Vic-de-Sos et où passe la route de Tarascon à Vic-de-Sos.

(5) *Lercol*, Lercoul, commune de 300 habitants, canton de Vic-de-Sos. — Siguer (voy. à l'art. Siguer). — Salhac, probablement le hameau actuel de Suilhac près de Siguer. — Gestiès commune de 450 habitants, canton de Vic-de-Sos. — Capoulet et Junac forment une commune de 410 habitants du canton de Tarascon. La commanderie de Capoulet, à peu près contemporaine de celle de Gabre, fut réunie avec ses dépendances à celle-ci au commencement du seizième siècle. Au nombre des commandeurs de Capoulet, on relève des noms de puissantes familles du pays : les Pailhès, Durban, Rabat, Gavarret. — Genat, 250 habitants; Lapège, 420 habitants; Niaux, 330 habitants; Banat, 170 habitants; Surba, 240 habitants, sont cinq communes du canton de Tarascon. — Florac est un hameau de la commune de Surba.

Justice. — La justice est exercée par les consuls qui peuvent juger jusqu'à 60 sols ; ils ont aussi la police. — Il n'y a ni greffe ni sceau.

Consuls. — Il y a cinq consuls qui sont chaperonnés. Un à Quié, un à Surba, un à Bannat, créés par le conseil politique. Il y a aussi deux consuls au lieu de Siguer formant, avec les autres, une même juridiction.

Gentilshommes. — Il y a des gentilshommes dans la châtellenie qui tiennent des fiefs nobles de Sa Majesté ; le seigneur de Rabat tient deux métairies nobles à Bannat ; le seigneur de Miglos, pour le lieu de Junac et Florac ; le seigneur d'Aliat qui a le droit de M. d'Arignac pour le lieu de Niaux, et noble Hiérosme de Longuevernhié qui a le droit du seigneur de Miglos pour le lieu de Florac et appartenances.

Baile. — Il n'y a ni sergent ni baile ; les consuls se servent du sergent de Tarascon.

L'amende pour l'épanchement du sang appartient aux consuls jusqu'à 100 sols.

Confiscation. — La confiscation, en cas de crime et condamnation, appartient au roi.

Château. — Il y avait autrefois un château dont il ne reste que les masures.

Bois et forêts. — Il y a un bois au-dessus du village qui appartient à la communauté et qui sert pour le chauffage des habitants.

Communaux. — Les pâturages et communaux de la communauté sont : le Prat communal de Quié, le Marcadal, Lisle, la font de Quié, qui payent la censive au roi.

Banalité. — Chaque habitant a le droit d'avoir son four ; il n'y a ni forges ni moulins ; les habitants vont moudre leurs grains où il leur plaît.

Poids et mesures. — Ils se conforment aux poids et mesures de Tarascon.

Censives. — Le roi prend les censives qui sont de 12 livres, et se payent en bloc au fermier du roi ; le lieu de Quié paye en seul.

Les habitants de Bannat payent au roi 4 deniers pour un communal dit Aveilhès.

Les habitants jouissent du droit de pêche, chasse, et d'avoir pigeonniers, garennes et viviers.

Secrétaire. — Les consuls et le conseil politique commettent le secrétaire pour recevoir les déclarations.

SABARAT (1).

L'an 1672 et le 16 novembre, dans la ville de Pamiers, par devant M° P. Darassus..... a comparu le sieur Paul Courtade, bourgeois de Sabarat, agissant au nom de toute la communauté, en vertu de la délibération du conseil du 5 novembre.

Le sieur Courtade a fait les déclarations suivantes :

Étendue du consulat. — Le consulat dépend du consulat de Pamiers et a un quart de lieue d'étendue environ ; il confronte au levant, Pailhès (2) et Gabre ; midi, le Mas-d'Azil ; couchant, les Bordes ; aquilon, la juridiction des Bordes et Casteras.

Seigneurie. — Le roi est seigneur du lieu de Sabarat en paréage avec les abbés du Mas-d'Azil et de Combelongue et le commandeur de Gabre. Le roi est seul seigneur justicier haut, moyen et bas, et a la directe en commun avec les seigneurs paréagers.

Consuls. — Il y a quatre consuls créés à la Saint-Jean par le conseil politique. Il y en a deux catholiques et deux de la R. P. R. ; ils sont chaperonnés et prêtent serment entre les mains du sieur Doumenc, procureur du roi de Sabarat, le Mas et autres lieux.

Justice. — Les consuls ont la police, la justice criminelle et la civile jusqu'à 1 écu. Il n'y a ni greffe ni greffier, car il y a peu d'affaires. Les consuls ont un secrétaire.

---

(1) Sabarat, commune de 650 habitants, canton du Mas-d'Azil. Ses armoiries sont : d'or à un orle de sept sabres de gueules.

(2) Pailhès, commune de 980 habitants, canton du Fossat. La seigneurie avec le titre de baronnie de Pailhès a appartenu pendant plusieurs siècles à la puissante maison de Villemur.

Lods et ventes. — Le droit de lods se paye au denier douze, moitié au roi et moitié aux coseigneurs.

Bois et forêts. — Il n'y a ni bois ni forêts, mais seulement un bois appelé Labouisse, plein de rochers et inaccessible, où les habitants ont le droit d'aller couper des broussailles; pour cela, ils payent le fouage au roi.

Communaux. — Les habitants possèdent un endroit dit Latentine, de petite contenance et qui sert de pâturage. Plus, trois lopins de terre, l'un au bout du pont de Sabarat, dit le Prad; les autres deux aux sorties de Sabarat, vers le Mas d'Azil et les Bordes.

Banalité. — Il y a un moulin farinier appartenant de tout temps, la moitié aux religieux du Mas d'Azil, un quart à l'abbé de cette abbaye et un quart au roi comme comte de Foix. Il y a aussi un four banal qui, originairement, appartenait moitié au roi comme comte de Foix, moitié à l'abbé du Mas d'Azil. Aujourd'hui, ces four et moulin sont possédés par les religieux du Mas d'Azil et par noble Hélie de Goty de Bonpas. La communauté paye annuellement au roi 70 livres, pour le fief du quart du moulin et moitié du four.

Pontanage. — Il existe un pont, mais on n'a jamais payé de droit de pontanage.

Poids et mesures. — L'arpent ou seterée est de huit mesures; la mesure, de quatre boisseaux. Le poids est de quatre quarts la livre; la canne, de huit pans.

Les habitants ont le droit de chasser et pêcher, et d'avoir des pigeonniers, des garennes et des viviers; cependant aucun n'use de ce droit.

Les consuls font la visite des chemins.

Secrétaire. — Les consuls nomment eux-mêmes le secrétaire.

Maison de ville. — Il n'y a point de maison de ville; le conseil se tient au milieu de la place publique qui est devant le temple de Sabarat.

Le député de Sabarat déclare ensuite qu'il n'a pas autre chose à faire connaître.

SAURAT (1).

L'an 1671 et le 19 décembre, dans la ville de Pamiers, par devant M° P. Darassus..., ont comparu les sieurs Raymond Surre, premier consul, M° Raymond Bonnel, notaire; Arnaud Sans, marchand, agissant au nom de la communauté de Saurat, en vertu de la délibération du conseil politique du 6 décembre.

Après avoir prêté serment, les députés de Saurat ont fait les déclarations suivantes :

Etendue du consulat. — Le lieu de Saurat est un village, assis dans la montagne, aux limites du pays de Foix et le dernier de ce côté. Ce lieu, environné de montagnes de tous côtés, désert inhabitable, est abandonné une partie de l'année par les habitants pour aller travailler et gagner leur pain en Espagne. Il confronte en son entier au levant, le sieur d'Arignac, le sieur de Taraube et Crampagna; midi, le seigneur de Rabat; couchant, le seigneur de Couserans; aquilon, le consulat de Foix. La juridiction est composée de quatre mille seterées de terre environ, dont quatre cents sont travaillées annuellement.

Seigneurie. — Le roi est seul seigneur justicier haut, moyen et bas; il fait administrer la justice civile et criminelle par le sénéchal de Pamiers ou son lieutenant.

Justice. — Les consuls exercent la justice civile jusqu'à 60 sols et la criminelle avec un assesseur; ils nomment un assesseur comme bon leur semble, et ont la police du lieu.

Consuls. — Il y a quatre consuls qui portent seulement le chaperon. Ils sont créés par le conseil politique le jour de la Pentecôte, et prêtent serment entre les mains du premier consul sortant.

Greffe. — Le greffe appartient au roi; ils ne se servent du sceau que rarement et n'en retirent aucun émolument.

(1) Saurat, commune de 3250 habitants, canton de Tarascon. La forêt de Saurat était une des plus étendues du pays de Foix au dix-septième siècle, elle contenait à peu près 2,295 hectares.

Baile. — Le baile a coutume de prendre pour l'ajournement de chaque homme, deux deniers, et égale somme pour le banniement; si les hommes sont de dehors, il en prend 1 gros ou 8 deniers barcelonais. Le baile prend aussi 5 sols de chaque clam qu'il est obligé de faire pour le dommage du bétail et qu'il retire du malfaiteur, ce qui fait 12 sols, 6 deniers. Si le baile est obligé de sortir du lieu de Saurat, requis par quelqu'un, il doit prendre mêmes droits que dessus.

Les habitants dépendent de la châtellenie de Quié; ils sont tenus, en temps de guerre, d'y faire le guet. Ils ne sont tenus d'aucune autre charge, et le capitaine du château ne peut rien prétendre sur eux.

Banalité. — Il y avait autrefois à Saurat deux moulins affermés par le trésorier du comte de Foix, dont l'un fut donné en fief à Pierre Traversier et l'autre à Pierre Mercier de Tarascon; le premier sous 25 florins de censive, et l'autre 12 quintaux de fer. La moitié de toutes les moutures de tous les moulins du lieu appartient au roi. La mouture doit être quitte de toute charge et le propriétaire doit tenir le moulin construit. Le mésaguier (1) du présent lieu prend, pour chaque chef de maison, un quart de seigle et un quart de millet, dont le fermier du roi ou baile doit prélever la quatrième portion; les trois parties restant, demeurent au mésaguier.

Lause. — Le droit de lause appartenait au roi; mais il fut donné à nouveau fief à Jean Surre vieux par M. Severy, réformateur du domaine du comté de Foix, moyennant 2 réals d'argent (2) d'albergue, chaque année.

Le roi possède en propre et sans aucun usage des habitants, un bois appelé le debès de Sauset (3), qui contient 10 seterées, et où est l'aire des autours et éperviers.

(1) *Mésaguier* ou messier, garde des moissons.
(2) Le *réal* est une monnaie d'Aragon.
(3) Le bois de Sauzet est situé à quelque distance à l'ouest de Saurat, sur la route de Massat. M. A. Garrigou, dans ses *Etudes sur les Sociates* et ses recherches sur la position géographique de ce peuple, indique ce lieu comme un poste occupé par les Sociates. Ce serait, d'après lui, le *Nemus Sosencis*, qui porte le n° 12 sur la carte dressée par ce savant Ariégeois.

Le roi prend en outre, trois charges de fer par an sur deux forges à Saurat : deux charges sur la forge de Lesquerames, possédée par le seigneur de Durban ; une charge sur celle dite la Molinne, possédée par le sieur de la Fane. Il prend aussi une charge de ais sur un moulin à scier qui est au lieu de Loumet.

Censives. Lods et ventes. Droit d'exorche. — Le district de la juridiction de Saurat est exempt de toutes censives, oublies et charges, à la réserve du fief fait en 1551, par Rogerto, commissaire, de cinq cents seterées, à raison de 1 sol par seterée, ce qui revient à la somme de 25 livres. Il est exempt de tous droits de lods et ventes ; sauf le cas où le vendeur vend entièrement son bien, le droit est dû pour la dernière pièce ; moyennant 64 setiers de blé, mesure de Foix, 32 setiers d'avoine, moitié mesure rase et l'autre moitié pleine, 80 poules domestiques et 80 œufs payables à la Toussaint, plus 100 francs d'or payables à chaque fête de Pâques et dont le comte de Rabat prend la moitié, sans que l'on sache pourquoi. Les habitants payent aussi à Sa Majesté ou à son fermier, le jour de la Nativité de saint Jean-Baptiste, 7 agneaux mâles ; en outre, pour la fête de Pâques, 4 francs d'or pour l'affranchissement du droit d'intestorie ou eschorquie, chaque franc étant de la valeur de 24 sols. Ce droit d'intestorie consistait en ce que le comte de Foix succédait à ceux des habitants qui mouraient sans enfants. Moyennant le payement de ces droits, ils jouissent de leurs terres cultivées et incultes, des bois et montagnes, du droit de pâture pour tous leurs bestiaux.

Les habitants ont aussi la faculté de bâtir des tours, guérites, créneaux, pigeonniers ; de chasser et pêcher dans toute la juridiction, hormis dans le bois de Sauset. Ces privilèges et exemption existent en conséquence de l'acte de 1551, qui mentionne tous les actes qui furent alors exhibés à Rogerto, réformateur, conseiller de Navarre ; acte contenant leurs libertés octroyées par Gaston, comte de Foix, le 14 des kalendes de juin 1308 (1),

(1) le 19 mai 1308.

retenu par Bernard Ponton, notaire de Saverdun ; autre acte passé au château de Mazères par Pinsaby, le dernier avril 1424 ; reconnaissance générale devant Rogerto en 1551 ; les hommages et dénombrements de 1612 et 1667.

Maison de ville. Prisons. — Il y a une maison, dite maison de ville, où l'on s'assemble soit pour les affaires de la communauté, soit pour rendre la justice. — Dans cette maison, il y a un endroit qui sert de prison.

Communaux. — Il y a une petite place devant la maison de ville, d'une contenance de trois mesurées environ. Dans le village, du côté du levant, se trouve un communal dit de Salmon. — Sur le haut d'une montagne, il y a une tour appelée de Calavat (1), que le sieur de Rabat s'est appropriée et qu'il occupe sans qu'on sache pourquoi. — Au delà du ruisseau de Rebecq, du côté du septentrion, il y a aussi une tour sans couvert, dite de Montorgueil (2), entre les lieux de Saurat et d'Arignac. — Contre l'église de Saurat se trouve un petit communal appelé la Bicario, contenant une demi-seterée.

Mazels. — Les boucheries appartiennent à la communauté et sont baillées à celui qui vend la viande à meilleur compte ; elle n'en retire aucun émolument.

Banalité. — Tout habitant a la faculté de bâtir un four pour son usage.

Fouage. Dime. — Le fouage se paye de sept en sept ans, comme dans les autres lieux du comté. En outre, le roi prend sur la dîme du seigneur évêque, seize setiers de grains : un tiers de blé, un tiers d'avoine et un tiers de seigle ; il doit prélever ces grains sur le sol, vannés et nets.

Les députés déclarent ensuite n'avoir rien à ajouter.

(1) Les restes du château de Calavat ou Calames sont situés entre Saurat et Tarascon.

(2) La tour de Montorgueil existe encore au sommet d'un roc élevé.

SAVERDUN (1).

L'an 1672, et le 28 novembre, dans la ville de Pamiers; par devant M° P. Darassus... ont comparu les sieurs Jean Rauly, sieur de Balnègre, second consul, assisté de Jean Itié, marchand, troisième consul et M. Jacques Faure, syndic et secrétaire de la communauté de Saverdun; agissant en vertu de la délibération du 29 novembre.

Après avoir prêté serment, les députés ont fait les déclarations suivantes :

Etendue de la juridiction. — La ville de Saverdun est chef de châtellenie; le juge royal et les consuls de la ville prennent toujours la qualité de juge et consuls de la ville et châtellenie de Saverdun, quoique depuis longtemps ils n'exercent leur justice que dans l'étendue de la juridiction de Saverdun. Les lieux qui dépendent de la châtellenie étaient : Canté, Labatut, Lissac, Saint-Quirc, La Bastide-de-Durfortbon, Justiniac, Brie, Unzent, Saint-Amans, Bonnac, Bézac et le Vernet-de-Canteraine (2),

---

(1) Saverdun, 3650 habitants, chef-lieu de canton de l'arrondissement de Pamiers. Ses armoiries sont : de gueules à un château d'or avec inscription autour : *Castel de Saverdun*, en lettres d'argent. L'étymologie celtique de ce nom indique l'origine fort ancienne de cette ville. Au commencement du douzième siècle, les comtes de Foix y firent construire une demeure qu'ils habitèrent longtemps, avant de résider à Mazères. Pendant l'hérésie albigeoise, le château de Saverdun tomba au pouvoir de Simon de Monfort. En 1575, cette ville fut un instant l'une des capitales protestantes du pays. Le château disparut enfin en 1633 et fut si soigneusement rasé qu'il n'en reste plus trace aujourd'hui. Les péripéties dont est remplie l'existence de cette vieille cité, qui fut mêlée à tous les grands événements du pays, en rendent l'histoire extrèmement curieuse.

(2) Les communes de Canté, 370 habitants; Labatut, 150 habitants; Lissac, 320 habitants; Saint-Quirc, 380 habitants; Justiniac, 200 habitants; Brie, 330 habitants; et le Vernet (*de Canteraine*), 510 habitants, font actuellement partie du canton de Saverdun (Voy. notre *Notice sur Saint-Quirc*.) — Les communes de Unzent, 340 habitants; Saint-Amans, 160 habitants; Bonnac, 820 habitants et Bézac sont comprises dans le canton de Pamiers. Enfin la commune de Labastide de Dufortbon est aujourd'hui Villeneuve-Durfort, commune de 680 habitants, canton du Fossat.

qui ont leurs consuls, juridiction et compoix séparés et distincts de la ville de Saverdun. — La juridiction confronte au levant, la juridiction de Montaut, le chemin dit des Périès (1) ou de la Peyreblanque et le ruisseau du Crieu (2), mitoyen; au midi, les juridictions d'Esplas (3), Brie et Canté; aquilon, Canté, Cintegabelle et Calmont (4).

Seigneurie. — La ville de Saverdun est une des quatre villes maîtresses du pays de Foix (5); le roi en est seul seigneur justicier haut, moyen et bas. Le roi est seigneur direct d'une partie de la juridiction; les autres parties sont allodiales ou dépendantes de quelques seigneurs particuliers, comme MM. les chanoines du chapitre Saint-Sernin de Toulouse, les religieux de Boulbonne (6), le commandeur de Caignac de l'ordre de Saint-Jean de Jérusalem, l'hôpital Saint-Jacques de Saverdun (7), M. de Saint-Albiès, M. d'Ornolac, M. de Brie, M. de Pauliac et autres (8).

Justice. — La justice civile est exercée par le juge royal de la ville et par les consuls jusqu'à la somme de 3 livres; pour le criminel, par le juge et les consuls, assistés de leur assesseur, en concurrence au premier occupant. Il y a, en outre, un procureur du roi dans cette

(1) Le chemin de Périès part de la route de Saverdun à Mazères et aboutit à la ferme du même nom en suivant la voie ferrée de Toulouse à Ax.

(2) Le Crieu prend sa source dans la montagne de Plantaurel, près de Ventenac (canton de Lavelanet); il coule dans la plaine de l'Ariège, passe près de Pamiers et se jette dans l'Ariège (rive droite) en amont de Saverdun.

(3) Esplas, commune de 250 habitants, canton de Saverdun.

(4) Cintegabelle, 2630 habitants, chef-lieu de canton de l'arrondissement de Muret (Haute-Garonne). — Calmont, commune de 1800 habitants, canton de Nailloux, arrondissement de Villefranche (Haute-Garonne).

(5) Les quatre villes maîtresses du comté étaient : Saverdun, Mazères, Tarascon et Foix.

(6) V. *Les prieurés de Saint-Sernin de Toulouse dans l'Ariège,* de M. J. de Lahondès.

(7) L'hôpital Saint-Jacques de Saverdun, fondé au treizième siècle, par Noël Arnaud, docteur en droit et le comte Roger de Foix, subsiste encore de nos jours.

(8) Le château de Pauliac, sis au sommet d'un monticule, entre Brie et Unzent, dans la commune de Saverdun, a remplacé l'ancienne chapelle de Saint-Sernin de Pauliac.

ville, qui ressortit au présidial et sénéchal de Pamiers et au parlement de Toulouse.

Consuls. — Il y a cinq consuls qui portent la robe et le chaperon rouge et noir ; ils sont créés tous les ans à la pluralité des voix. Le serment est reçu par le juge royal, en son absence par le procureur du roi qui assiste à l'élection, et, en l'absence de ce dernier, par le plus ancien avocat du siège.

Greffe. Sceau. — Le greffe et le sceau sont tenus par la communauté de Saverdun en censive et hommage de Sa Majesté, sous l'albergue de 10 livres tournois chaque année, payables à la Toussaint, entre les mains du trésorier ou receveur du domaine du roi au pays de Foix.

Baile et viguier. — Les consuls ont la faculté d'établir des sergents ou bailes pour les suivre et les accompagner ; pour exploiter les actes de justice, plus un sergent trompette public ; ils portent tous la robe moitié vert et bleu. Le siège royal de la ville a deux viguiers, qui exploitent les actes de cette justice.

Prisons. — Il n'y a point de prisons et les fermiers du domaine en la ville sont obligés de recevoir les prisonniers et de les garder.

Lods et ventes. — Le droit de lods et ventes est payé au roi ou aux seigneurs directs de qui les pièces dépendent : pour les achats à raison de douze, un ; pour les échanges, moitié moins ; rien pour les engagements et locateries, comme dans le reste du pays de Foix.

Confiscation. — En cas de crime et condamnation, le roi prend la confiscation.

Pâturages. — Il y a deux pièces de terre inculte ou brugues ; l'une appelée le Planal de Camézou d'une contenance de soixante seterées environ ; l'autre dite de las Fages (1), aussi herme, et contenant environ vingt-cinq seterées ; elles appartiennent de temps immémorial à la communauté.

Banalité. — Tous les habitants de la ville et de la ju-

_____

(1) Le mot de las Fages a sans contredit son origine dans la langue latine, *fagus,* hêtre.

ridiction ont la faculté d'avoir fours et forges chez eux,
sans être tenus de rien payer au roi ou aux seigneurs directs. Il n'y a point et il n'y a jamais eu dans la ville
et juridiction de moulin qui soit banal; les habitants
vont moudre leur grain où il leur plaît, comme ils le
font aux moulins de Cintegabelle, Calmont, Mazères, le
Vernet et Bonnac. Ils ont aussi la faculté d'aller faire aiguiser leurs outils aratoires et cuire leur pain où bon
leur semble. — Il y a plusieurs années, un moulin existait dans la ville sur la rivière de l'Ariège. Les deux tiers
appartenaient au chapitre Saint-Sernin de Toulouse et l'autre tiers à M. de Saint-Albiès. Le roi y prélevait un huitième du revenu, et en outre, la censive de sept setiers
de seigle et 14 sols gros. Ce moulin et la chaussée furent
emportés par l'inondation de la rivière, quarante ans auparavant.

Leude (1). — La leude est prélevée dans la ville et juridiction, des trois quarts par le fermier du roi et de l'autre quart : les deux tiers par le sieur de Saint-Albiès ou
par M. le marquis de Foix, son décrétiste, l'autre tiers
par le sieur d'Ornola.

Poids et mesures. — Il n'y a ni poids ni mesures; autrefois, quand la place était en état, le droit de mesure
appartenait à la communauté.

Mazels. — La boucherie n'est point banale, mais soumise à la direction de la communauté et des consuls qui
la donnent à celui qui fait les meilleures conditions. Ils
ont encore le droit d'aide sur la boucherie qui est d'un
douzième par eux retranché de chaque livre carnas-
sier (2), dont le revenu est pris pour les affaires publiques et urgentes de la communauté; comme il est plus
amplement spécifié dans les anciens hommages et dénombrements.

Ponts. — Il y a un pont sur la rivière de l'Ariège et

---

(1) Le leudaire de Saverdun a été publié il y a quelques années dans la
Revue des langues romanes, par M. F. Pasquier, le savant archiviste de
l'Ariège (t. XVI, p. 105, an. 1879).
(2) La livre dite carnassière, qui servait à peser la viande, était le triple
de la livre ordinaire.

qui appartient à la communauté. Il y a aussi d'autres petits ponts sur les ruisseaux de l'Alsonne, de Laure (1) et du Crieu, dans la juridiction. La communauté les a fait bâtir et les tient réparés; elle jouit seulement du droit de pontanage qui est très modique et sert à l'entretien des ponts.

Gentilshommes. Biens de mainmorte. — Il y a, dans la juridiction de Saverdun, M. de Saint-Albiès ou M. le marquis de Foix son décrétiste; le sieur de Roudeille (2), le sieur de Pauliac, le sieur de Brie. Pour gens de mainmorte : le chapitre de Saint-Sernin de Toulouse, l'abbé de Boulbonne et les religieux; les religieux de Calers (3); l'hôpital Saint-Jacques et le commandeur de Caignac.

Droit d'agrier. — Le roi prend le droit d'agrier ou demi agrier sur certaines terres de sa directe, suivant le contenu des reconnaissances.

Censives. — Les censives et oublies se payent suivant les reconnaissances par les feudataires ou fermiers.

Poids et mesures. — On ne connaît dans la ville ni l'arpent ni l'esminée (4); on se sert de seterée qui est composée de huit mesures; la mesure, de quatre boisseaux. Le setier de blé est de huit mesures. La pipe de vin, de douze barrals; le barral, de dix-huit pintes; la pinte, de deux quarts, et le quart, de deux ucheaux. La canne vaut huit pans; le poids est composé de la livre, demi-livre et demi-quart, de l'once et demi-once.

Foires et marchés. — Il y a quatre foires par an et trois marchés par semaine : les lundi, mercredi et vendredi. Les foires se tiennent le premier lundi après la Toussaint, au Château, ville haute; le 16 août, au barry Sainte-Constance; le 1er juin, à l'Homet, ville basse;

---

(1) L'Alsonne, petit affluent rive gauche de l'Ariège, prend sa source près d'Unzent et se jette dans l'Ariège à Saverdun même. — La Laure est aussi un petit ruisseau affluent rive gauche de l'Ariège.

(2) Le château de Roudeille est situé sur le côteau entre Canté et Saverdun.

(3) Voy. notre *Notice sur l'abbaye cistercienne de Calers*; 2e partie, *Catalogue des archives de l'abbaye.*

(4) L'esminée valait environ une seterée ou 45 ares.

le premier lundi de carême, au faubourg Sainte-Colombe (1).

Pâturages et communaux. — La communauté possède trois petits prés au lieu dit al Crieu, de la contenance de trois seterées environ, avec les nauses et sesques (2); un champ d'environ deux seterées sous les fonts de Sainte-Colombe; un champ et pré à Ginjan (3), un pré, nauses et sescas de dix-huit seterées à Redonnel, devant Parésac; un pré, champ, sescas, dit de Lacanal, à Lapeyre (4); un petit champ d'une seterée et une mesure à miège-salle, où il y avait autrefois une tuilerie; un petit lopin de terre appelé le Pesquié, contenant trois mesures, sis al pal; des terres labourables, sises le long de Laure, appelées autrefois de Nantilhac, contenant environ vingt-cinq seterées. Tous ces biens furent, quelques années auparavant, donnés en engagement à certains créanciers de la communauté, pour se décharger du payement des sommes empruntées pour la subsistance des gens de guerre, qui obligèrent aussi la communauté à engager le droit d'aide et de boucherie. Depuis, ces biens et revenus ont été remis au pouvoir de la communauté par arrêt du conseil du 14 avril 1667. La communauté se trouve accablée par les impositions annuelles, pour le payement des intérêts des sommes empruntées, tous cés biens étant de modique revenu et ne servant autrefois que de pâturage pour la commodité des habitants; en sorte qu'elle est réduite à la nécessité de rengager ces biens et revenus pour obtenir quelque soulagement aux impositions ordinaires.

(1) Il y a aujourd'hui marché le vendredi de chaque semaine et foire le deuxième vendredi de mois.

(2) On appelle *naousos*, les parties d'un champ où l'eau est stagnante et forme une sorte de marécage. Les *sesques* sont les plantes aquatiques qui poussent dans les *nauses* et dont on se sert pour faire les chaises de paille. C'est le *sparganium erectum* de Linné, de la famille des typhacées.

(3) *Ginjean* est probablement aujourd'hui la métairie de *Jeanjean* dans la commune de Saverdun.

(4) *Parésac* ou *Panesac* est une métairie de la commune de Saverdun, de même que *Lacanal* qui est située sur la rive droite de l'Ariège. *Lapeyre* est un hameau de cette commune.

Les habitants de Saverdun jouissent des droits et faculté
de bâtir sur leurs terres des pigeonniers, garennes et
viviers, fours et moulins; de prendre possession des choses acquises par eux, sans payer de licence aux seigneurs;
de chasser et pêcher dans toute l'étendue de la juridiction et dans l'Ariège. Pour le droit de pontanage, les habitants de Brie contribuent pour 45 sols par an, ceux
d'Unzent pour 18 sols pour deux vignes, à la réparation
du pont de Saverdun.

Secrétaire. — Le secrétaire est nommé par le conseil
politique.

Garde. — La ville de Saverdun ayant été démantelée
par ordre du roi, il n'y a pas de garde à faire; le cas
échéant, c'est à la communauté d'y veiller.

Portes. — Lorsqu'il y avait des portes, la communauté
commettait les portiers et les payait.

Maison de ville. — Il y a une maison de ville en très
mauvais état, et dont la plus grande partie est tombée en
ruine.

Les consuls, lecture leur ayant été donnée de leurs déclarations, ont dit n'avoir rien à ajouter.

SERVEILHAS (1).

L'an 1673 et le 14 mai au matin, dans la ville de Varilhes
et dans la maison de M⁰ François Carbon, procureur du
roi, par devant M⁰ Pierre Darassus..... ont comparu les
sieurs Bernard Servole et Pierre Bort, bientenants du
lieu de Serveilhas, agissant au nom de la communauté,
sans autre délibération que le pouvoir qui leur a été conféré par les habitants.

Après avoir prêté serment, les députés ont fait les déclarations suivantes :

(1) Serveilhas est aujourd'hui une métairie située dans les côteaux argileux dits du Terrefort, au sud-ouest de Pamiers. On y voit des débris de
fortes constructions; peut-être les restes de quelque petit château.

Le village de Serveilhas dépend du comté de Foix, et pour la justice du présidial ou sénéchal de Pamiers. Le lieu a un quart de lieue de long et un demi-quart de large. Il confronte de levant, le village d'Artix; midi, les terres de Cazals; couchant, Sainte-Fé; aquilon, la Poumarède (1).

Seigneurie. — Le roi est seul seigneur haut, moyen et bas, foncier et direct.

Consuls. — Il n'y a point de consuls, par conséquent point de secrétaire, ni greffe, ni sceau.

Baile. — Il y a un baile nommé par le fermier du roi. Quand il se commet quelque dégât, le fermier désigne des experts pour en juger.

Prisons. — Il n'y a pas de prison. Quand il y a des prisonniers, on les met dans la métairie de Serveilhas où les habitants ont la faculté de les retenir vingt-quatre heures; on agit de même pour tous les bestiaux qui commettent des dégâts au lieu de Serveilhas.

Pour l'épanchement du sang, ils payent au roi 50 sols.

Lods et ventes. — On paye le droit de lods et ventes au denier douze, et pour les engagements, moitié moins.

Confiscation. — En cas de crime et condamnation, la confiscation appartient au roi en seul.

Biens de mainmorte. — Il n'y a aucun gentilhomme hommager. Le chapitre cathédral de Pamiers y possède une pièce de terre de la contenance de trente seterées environ.

Poids et mesures. — On se sert des poids et mesures de la ville de Pamiers.

Les habitants ont la faculté de chasser, pêcher et d'avoir des pigeonniers, garennes et viviers.

Maison de ville. — Il n'y a pas de maison de ville. Les habitants s'assemblent dans la métairie de Serveilhas et n'écrivent aucune délibération.

(1) Artix, commune de 190 habitants, canton de Varilhes. — La terre des Cazals forme aujourd'hui la commune de Cazaux, 200 habitants, canton de Varilhes. — Sainte-Foi (en patois : *Sancto-Fé*) et La Pomarède sont deux hameaux de la commune de Saint-Victor-Rouzaud, canton de Pamiers.

SIGUER (1).

L'an 1672 et le 9 mars, dans la ville de Tarascon, par devant MM^{rs} Pierre Darassus et Jean Bastard..., ont comparu Jean et Pierre Marfaing, consuls de Siguer et Jean Augé, syndic de la communauté, agissant en vertu de la délibération du conseil du 6 mars.

Après avoir prêté serment les consuls ont déclaré ce qui suit :

Étendue du consulat. — Les lieu et vallée de Siguer dépendent de la châtellenie de Quié. Le consulat confronte du levant, les seigneurs de Gudanes et de Château-Verdun; midi, les terres d'Andorre; couchant, la vallée de Vic-de-Sos; aquilon, les terres de Junac et l'Ariège.

Seigneurie. — Le roi a la justice haute, moyenne et basse; le comte de Rabat et M. de Miglos ont droit de directe sur la vallée avec lods et censives.

Consuls. — Il y a deux consuls qui sont créés annuellement par le conseil politique, à la fête de Saint-Michel de septembre, avec le consentement du peuple. La vallée de Siguer crée aussi deux syndics qui veillent à la police du lieu.

Justice. — Les consuls exercent la justice au nom du roi à Siguer et au lieu de Capoulech. Le greffe appartient à Sa Majesté.

Baile. — Les consuls nomment un baile pour exploiter les actes de justice.

Prisons. — Il n'y a point de prisons ; quand il y a des prisonniers, les consuls sont tenus de les garder.

Lods et ventes. — Le droit de lods et ventes se paye aux seigneurs au denier douze, comme dans tout le pays de Foix.

L'amende pour l'épanchement du sang, se paye 5 livres au procureur du roi.

---

(1) Siguer, commune de 760 habitants, canton de Vic-de-Sos, arrondissement de Foix.

Confiscation. — En cas de crime et condamnation, la confiscation appartient au roi.

Bois et forêts. — Les forêts de la vallée appartiennent au roi et les habitants ont la faculté d'y couper du bois pour leur chauffage pour leur service et de faire du charbon.

Communaux. — Il y a trois communaux appelés Transvernet, la Biscaigne et le Laponnois, que des habitants ont délaissé en faveur de la communauté.

Banalité. — Chaque habitant peut tenir des forges et des fours ; il y a six moulins et une forge à des particuliers qui payent l'albergue au roi.

Péage. Mesures. Mazels. — Sa Majesté prend le péage sur toutes les marchandises qui passent en Espagne. Les mesures sont les mêmes que celles du pays de Foix; excepté celle du vin qui est de Compte Ramon (1).

Les consuls donnent les boucheries à celui qui fait les meilleures conditions à la communauté; ils prennent une livre de viande par bœuf et la melse (2) pour chaque mouton.

Ponts. — Il n'y a que quelques petits ponts de service que les habitants doivent entretenir.

Secrétaire. — Le secrétaire est nommé par les consuls et le conseil politique.

Garde. — La communauté doit avertir les gens du roi, dans le cas où des gens de guerre viendraient du côté d'Espagne. Les habitants d'Andorre sont tenus de venir prêter serment de fidélité au roi à la Saint-Jean et aux frais de la communauté.

SAINT-YBARS (3).

L'an 1672 et le 25 novembre, dans la ville de Pamiers;

(1) On se servait exceptionnellement de la mesure Comte-Ramon, qui était la mesure de Toulouse prise à tous les degrés.

(2) La *melse*, en vieux patois languedocien signifie la *rate*.

(3) Saint-Ybars, commune de 1870 habitants, canton du Fossat, arrondissement de Pamiers.

par devant Mᵉ Pierre Darassus..., a comparu Mᵉ Bernard Francazal, premier consul de Saint-Ybars, agissant au nom de toute la communauté, en vertu de la délibération du conseil du 23 novembre.

Après avoir prêté serment, le consul de Saint-Ybars a fait les déclarations suivantes.

Etendue du consulat. — La ville de Saint-Ybars est dans le pays de Foix, diocèse de Rieux et sénéchaussée de Pamiers. La communauté a l'entrée aux Etats du Pays. Elle comprend 5577 seterées de terre, mesure de Foix, et se compose de 394 maisons. Le consulat confronte de levant, la seigneurie de Durfort et Gaillac (1); midi, le Fossat, le Carla, Massabrac et Castaniac (2) ; couchant, Lézat ; aquilon, Esperce. Les députés des Etats du Pays ont surchargé la ville de dix feux ; le consul Francazal en demande la correction et décharge.

Seigneurie. — La communauté reconnaît le roi en paréage avec l'abbé de Lézat dans l'enclos de la ville, suivant l'acte de paréage de 1241, l'abbé est seul seigneur dans tout le reste de la juridiction.

Justice. — Les consuls, au nom des coseigneurs, exercent la justice criminelle jusqu'à sentence définitive inclusivement, et la civile jusqu'à 3 livres, avec un assesseur. Ils connaissent aussi des faux poids et mesures et ont toute la police. Les amendes appartiennent aux seigneurs. Pour le surplus des autres causes, ils plaident en première instance devant le juge établi par le seigneur abbé.

Consuls. — Il y a quatre consuls qui portent la robe et le chaperon rouge et noir. Ils sont élus chaque année à la Toussaint et de la manière suivante. Les consuls sortant nomment chacun deux personnes ; après avoir communiqué cette nomination au seigneur ou à ses officiers,

---

(1) Gaillac-Toulza, commune de 1630 habitants, canton de Cintegabelle, arrondissement de Muret (Voy. la notice sur Gaillac dans notre *Histoire de l'abbaye de Calers*, et celle de M. Fons).

(2) Le Fossat, 900 habitants, chef-lieu de canton de l'arrondissement de Pamiers. — Massabrac, commune de 200 habitants ; Castagnac, commune de 500 habitants, du canton de Montesquieu-Volvestre, arrondissement de Muret, Haute-Garonne.

il est choisi dans ce nombre, quatre par seize membres
du conseil politique ou autres ayant été en charge, ou des
plus notables de la ville, à défaut du nombre suffisant des
membres du conseil. Leur serment est reçu par le seigneur ou commis; car à ce moment, il n'y a pas d'autre
officier qui exerce la justice.

Greffe. — Le greffe appartient au roi sous le fief de
5 livres par an, suivante l'acte de 1546. Les consuls se
servent d'un petit sceau où se trouvent les armes de la
ville (1), pour sceller les passeports, certificats et ordres
de justice.

Baile. — Il y a un baile établi par le seigneur abbé.

Prisons. — Dans la ville et dans une des tours se trouvent les prisons sous la garde du capitaine abbatial, qui
en est le concierge, et dépositaire des meubles saisis d'autorité de justice. La communauté n'en a aucun profit.

Censives. Lods et ventes. — Les habitants payent les
censives des maisons et biens situés dans l'enclos, suivant les reconnaissances qui sont entre les mains des seigneurs. — Le droit de lods et ventes se paye au denier
douze à chaque seigneur.

Confiscation. — En cas de crime et condamnation, la
confiscation revient à chaque seigneur, proportionnellement.

Communaux. — La communauté possède un pré de la
contenance de dix-huit arpents, dit le pré commun rural,
concédé par les seigneurs comte de Foix et abbé de Lézat,
en 1293.

Banalité. — Chaque habitant a la faculté d'avoir un
four dans sa maison, d'aller moudre son grain et aiguiser
ses outils où il lui plaît, sans rien payer pour cela aux
seigneurs.

Péage. Mazels. Poids et mesures. — Le droit de péage
de l'enclos de la ville est prélevé par moitié par le roi et
l'abbé de Lézat; l'abbé le possède en seul dans tout le
reste de la juridiction. Les habitants de la juridiction
sont exempts du droit de péage dans tout le comté de

(1) Les armoiries de Saint-Ybars sont : de sinople à une croix d'or.

Foix. — La communauté a le droit de faire établir des boucheries sans en retirer aucun profit, pas plus que les coseigneurs. — La communauté possède une place dite Lapierre, où sont les mesures des grains; elle n'en prend aucun émolument, pas plus que les coseigneurs.

Ponts. — Il y a deux ponts, un sur la Lèze, et l'autre sur le ruisseau appelé le Laton (1); il n'y a aucun droit de pontanage.

Gentilshommes. Biens de mainmorte. — Dans la juridiction, il y a les sieurs de Massabrac et des Figarèdes qui possèdent certains biens qu'ils prétendent exempts de taille et autres charges, ce qui leur est contesté. Le consul fait cette déclaration, car la communauté est en instance à ce sujet devant MM. de la chambre du domaine de Montauban. Le sieur Daubiac prétend aussi être exempt de taille et autres charges pour des biens qu'il a dans la juridiction; pour ce fait, la communauté est en procès au parlement de Toulouse.

Foires et marchés. — Il y a deux marchés par semaine; le lundi et le jeudi; et quatre foires par an : le 20 janvier, le 6 mai, le 22 juillet, le 21 septembre. La communauté a deux places où se tiennent les foires et marchés (2).

La visite des chemins est faite par les consuls eux-mêmes.

Secrétaire. — Les consuls ont la faculté de nommer un secrétaire pour écrire les délibérations.

Garde. — Les habitants doivent garder la ville en temps de guerre.

Portes. — Les consuls commettent les portiers, et la communauté paye leurs gages.

Les consuls ont la faculté de défendre aux étrangers et revendeurs d'acheter sur les marchés avant dix heures.

Maison de ville. — Il y a une maison commune située sur une place, et où se tiennent les assemblées.

Les consuls ont le droit d'interdire l'entrée du vin et

---

(1) Le Laton est un petit affluent rive droite de la Lèze.
(2) Les foires se tiennent aujourd'hui le 22 de chaque mois.

de la vendange récoltés hors du taillable de la ville de Saint-Ybars.

Le consul a déclaré ensuite n'avoir rien à ajouter.

TARASCON (1).

L'an 1672, et le 8 mars après midi, dans la ville de Tarascon et maison du sieur Raymond Faure, premier consul; par devant M⁰ P. Darassus...; ont comparu les sieurs Raymond Faure, Raymond Vergé, Pierre Bergasse et Jacques Galy, consuls; Antoine Séré et Paul Clarens, syndics de la ville de Tarascon; agissant pour toute la communauté, en vertu de la délibération du conseil politique du mois de février.

Après avoir prêté serment, les députés ont fait les déclarations suivantes :

Consulat. — La ville de Tarascon est dans les enclaves du pays de Foix, et ne prend aucun titre particulier. L'étendue de la juridiction est de plus de deux lieues. Les limites du consulat commencent au lieu appelé Saint-Antoine de Carolgas (2), sur le chemin de Foix; de là, entre les limites de Saint-Paul de Gerrat (3), vers la montagne de Tabe (4) et la baronnie de Château-Verdun;

---

(1) Tarascon, 1610 habitants, chef-lieu de canton de l'arrondissement de Foix. Cette ville, une des plus pittoresques de la vallée de l'Ariège a été, nous dit M. A. Garrigou, dans ses *Etudes historiques*, le siége de la tribu euske des Taruskes. C'était au moyen âge la résidence du syndic général du comté et le chef d'une châtellenie qui comprenait Tarascon, Ornolac, Bompas, Larnat, Morenx, Garavet, Gernat, Croquer, Arnabe, Alons et Casanaba.

(2) *Carol-Cast*, était un château aujourd'hui entièrement détruit et qui dépendait encore à la fin du seizième siècle de la châtellenie de Saint-Paul-de-Jarrat (Olhagaray, *Hist. de Foix, Béarn et Navarre*). M. A. Garrigou, dans ses *Etudes historiques*, prétend faire remonter à Charlemagne lui-même la construction de ce château comme de bien d'autres. Aujourd'hui, près de Saint-Paul, se trouvent les aciéries de Saint-Antoine.

(3) Saint-Paul-de-Jarrat, commune de 1340 habitants, canton de Foix.

(4) La montagne de Tabe est le massif appelé aujourd'hui Saint-Barthélemy, 2,349 mètres d'altitude.

elles vont de là au pas de la crabe, et laissant la montagne et les forêts de Lugeat dans le consulat, arrivent
jusqu'à la croix de Bouan, à une pierre ou borne qui est
à quatre ou cinq pas au-dessous de la croix, vers Tarascon.
Elles se dirigent ensuite tout droit au lieu d'Arbiech, laissant
le lieu de Larnat dans le consulat de Tarascon; descendant vers la rivière de Vic-de-Sos, les lieux de Niaux,
Capoulech, Miglos, Alliat et Quié. et vont finir aux rivières de Rabat et de l'Ariège, comme il est plus particulièrement spécifié dans les anciens titres de la ville. —
Dans ces limites sont compris les villages suivants :
Larnat, Ussat, Ornolac, Lugeat, Serres, Arnave, Cazanave,
Allens, Croquié, Gerrat, Mercus, Garrabet, Boupas, Niaux,
Arignac et Arbiech (1).

Seigneurie. — Le roi est seul seigneur justicier haut,
moyen et bas de la ville et des lieux dépendant du consulat; à l'exception du lieu d'Ornolac pour la justice civile
et la police, qui appartiennent au seigneur du lieu. Le
roi est aussi seigneur direct de Tarascon et du lieu d'Ussat. Les consuls ont ouï-dire que les religieux de Boulbonne, le seigneur comte de Rabat, et le seigneur de
Miglos y prétendent aussi quelque droit de directe; mais
ils ne savent en quoi il consiste, ni quels sont leurs
emphitéotes. Pour les autres lieux du consulat, la seigneurie directe appartient à certains seigneurs particuliers, sauf le lieu de Lugeat, dont le roi est seul seigneur
direct.

Justice. — La justice de la ville et des lieux du consulat est exercée, la civile en première instance par le
sénéchal de Pamiers, et la criminelle, de même que la
police, par les consuls et leur assesseur jusqu'à condamnation à mort; les appels ressortissent au parlement de
Toulouse. Les consuls viennent, concurremment avec le

(1) Larnat, commune de 260 habitants, canton des Cabanes.—Arnave, commune de 390 habitants; Cazenave, Serres et Allens forment une commune de
440 habitants; Bompas, commune de 240 habitants; Niaux, commune de 330
habitants, dans laquelle est compris le petit hameau d'Arbiech; Mercus,
commune de 800 habitants, qui renferme les deux hameaux de Croquié et de
Garrabet. Ces cinq communes sont du canton de Tarascon.

sénéchal, pour la justice criminelle. Les consuls ont toujours joui, à l'exclusion des seigneurs directs des lieux
de leur consulat, de tous les droits honorifiques dans les
églises et ailleurs, et même pour la création des bailes
dans ces lieux et la réception de serment, lesquels bailes
doivent donner avis aux consuls des choses qui regardent
le service du roi et du public.

Consuls. — Il y a quatre consuls qui sont nommés par
le conseil de police ou jurade. Ils prêtent serment entre
les mains des consuls qui sortent de charge. Ils portent
la robe et le chaperon rouge et noir avec les parements
de satin blanc. Il y a aussi, à Tarascon, un procureur du
roi.

Greffe. — Le greffe appartient au roi ; le sceau est aux
consuls, mais ils n'en retirent aucun profit.

Baile. — Les actes de justice sont exploités par un
huissier matriculé du sénéchal de Pamiers, et par un sergent ordinaire nommé par les consuls.

Prisons. — Il n'y a d'autres prisons que celles de la
maison commune, et qui appartiennent à la communauté,
sans émoluments.

Lods et ventes. — Le droit de lods et ventes se paye
au denier douze au seigneur auquel il est dû pour les
ventes pures ; moitié moins pour les ventes à faculté de
rachat, et rien pour les échanges, quand les biens sont
dans la directe d'un même seigneur. Dans le cas contraire, on paye la plus-value. Il n'y a aucun droit sur les
engagements.

Il n'y a pas d'amende pour l'épanchement du sang ;
les coupables sont punis par les consuls, d'après leur
crime.

Confiscation. — Dans le cas de crime et condamnation,
le roi prend la confiscation.

Château. — Il y avait autrefois un château appartenant au roi, et qui fut démoli par son ordre en 1632 (1).

(1) On voit encore sur un rocher qui domine l'Ariège, une tour ronde,
quelques pans de mur de l'enceinte crénelée ; au-dessous une porte ogivale
remontant au treizième siècle. Une tour dite de Monnegro qui rappelait le

Bois et forêts. — Il y a deux petits terroirs, l'un appelé Labessède (1), sur la montagne, partie inculte et en broussailles, partie converti en bois depuis quelques années par les soins des consuls qui le font soigneusement cultiver et garder aux frais de la communauté, pour empêcher la dévastation et pouvoir s'en servir en cas de nécessité. L'autre appelé Solombries et Faboscur (2), partie en broussailles, partie défriché par certains particuliers. Ce dernier terroir confronte de levant, la Gulhe ou rocher de Solombries (3); midi, l'eau versant de la montagne de Lugeat; couchant, cette montagne et le col d'Ussat; aquilon, le chemin du col de la bene et du col d'Ussat. Pour l'usage de ces terres, d'un bois appelé Dhoutre, et autres au lieu de Lugeat, ils payent le droit de fouage au roi de sept en sept ans, outre leur quote-part qu'ils payent aussi de l'albergue annuelle que les bientenants de Lugeat payent au roi pour l'usage des forêts du dit lieu, où la communauté possède quelques pièces de terre en roture; à l'usage desquels bois la communauté a été maintenue par jugement de Messeigneurs les Intendants de Languedoc et de Guyenne, sur la vérification et réformation des forêts faite par le sieur de Froidour.

Communaux. — Il y a quelques communaux qui sont : le communal appelé l'ort de Madame, au-dessous et touchant la petite place de la porte du Mazelviel, acquis par la communauté au sieur de Miglos, avec les masures d'une vieille maison, par acte de 1601. Le sieur de Florac extorqua, en 1655, une reconnaissance de la communauté en sa faveur; mais elle en a été déchargée par une sentence du sénéchal du 15 novembre 1662, en vertu de laquelle la communauté demeure maintenue dans les biens acquis à

combat livré aux Maures, près de Sabart, a disparu également avec le château, en vertu de l'ordonnance royale de 1632.

(1) *Labessède* se trouve au sud-est de Tarascon dans la montagne avant d'arriver à Ussat d'en haut. L'origine de ce nom est sans contredit basque, de *bess, bessa*, forêt (Fauriel).

(2) Le bois de *Faboscur* (*Fagus obscura*) est situé sur la limite des communes d'Ussat, Arnave et Ornolac.

(3) La *Gulhe*, ou aiguille de Solombriés, est un pic de la montagne de Tabe, près de Lujat, entre Verdun et Cazenave.

M. de Miglos contre le sieur de Florac. Pour cette terre, la communauté paye 4 deniers de censive au roi, à la Toussaint. La place publique où se tiennent les foires et marchés et où se trouve l'église de Notre-Dame de la Daurade (1), fait 2 deniers de censive à la Toussaint. Deux pièces de terre dites, l'une Las Migeannes, au-dessus du pont d'Aliat; confrontant de levant, l'Ariège; midi et couchant, le chemin public; aquilon, le pont d'Aliat; — l'autre près du moulin à blé du faubourg, confrontant de levant, les héritiers de Larteich; midi, la rivière de Vic-de-Sos; couchant et aquilon, le canal du moulin; payant : la première, 4 deniers, la seconde, 2 deniers. — Deux communaux au lieu dit de Layroulle (2); l'un confrontant de levant et aquilon, les rivières d'Ax et de Vic-de-Sos; midi, les terres de la métairie de Layroulle appartenant au sieur de Florac; couchant, la rivière de Vic-de-Sos; — l'autre confrontant de levant, la rivière d'Ax et le bout de la chaussée du moulin du Pas; midi, l'Ariège; couchant et aquilon, le sieur de Florac et la fontaine dite de Lauriol; ces communaux payent 4 deniers de censive à la même époque. Trois pièces en pré, l'une près d'Ussat, dite le communal de Ilhe, contenant douze mesures et confrontant de levant, le chemin public; midi, M. Barthélemy Sagnis, prêtre et recteur d'Ussat; couchant et aquilon, l'Ariège; — l'autre dit le communal de l'Orthe, au dehors et près du faubourg, confrontant de levant la rivière de Vic-de-Sos; midi, les héritiers de feu Charles Laqueume; couchant, le canal du moulin du faubourg; aquilon, la troisième pièce, qui confronte de levant, la rivière de Vic-de-Sos; couchant et aquilon, les héritiers de Larteich. La communauté a été maintenue en possession de ces trois pièces par ordonnance de feu M. Dumas, juge mage de Pamiers, le 22 août 1668; et paye, pour chacune de ces trois pièces, 6 deniers de censive. Une

----

(1) L'église N.-D. de la Daurade est aujourd'hui l'église paroissiale de Tarascon; sa construction paraît remonter au dix-septième siècle.

(2) Le champ de Layroulle est situé au S. de Tarascon, au confluent de l'Ariège et de la rivière de Vic-de-Sos.

pièce de terre inculte appelée le champ foiral, touchant les fossés de la ville et confrontant de levant, Jean Bernet; midi, Jacques Bergasse; couchant, les fossés; et aquilon, Arnaud Sérou. Cette pièce sert à mettre le bétail les jours de foire et paye 6 deniers au roi. Deux autres pièces de terre inculte, dites, l'une, le Moulin neuf; confrontant de levant, Pierre Bourrel; midi, couchant et aquilon, l'Ariège; l'autre, le prat Lombart (1), confrontant de levant, le chemin public; midi, Antonin Séré; couchant et aquilon, la rivière. La communauté paye pour chacune de ces pièces 5 deniers; en outre, elle fait de censive annuelle au roi, 5 sols monnaie courante de 12 deniers par sol, pour les pièces de terre de Labessède, Salombrie et Faboscur. Cela fait en tout 9 sols 8 deniers, payables à Toussaint.

Banalité. — Les habitants de Tarascon ont la faculté d'avoir des fours et forges chez eux, comme bon leur semble. Il y a deux moulins à blé à trois meules. Le premier sur l'Ariège est appelé moulin Dupas; un tiers du revenu appartient au roi, libre de réparations, les deux autres tiers se partagent entre la communauté qui l'afferme annuellement 90 livres, et les héritiers de feu Raymond Bernadac, desquels ou de leurs auteurs, François Bonnel tient cette portion en locaterie perpétuelle sous la rente annuelle de 8 setiers de blé. Le revenu qui est à la communauté est employé et au delà aux réparations du moulin et de la chaussée, ce qui arrive souvent. Le second, dit moulin du Faubourg, est situé sur la rivière de Vic-de-Sos, en dehors du faubourg de la ville. Le tiers du revenu appartient à Sa Majesté; portion qui a été réduite en un fief de 19 setiers de grain, moitié blé, moitié avoine, de temps immémorial au profit du roi. Ce fief est aujourd'hui payé par les héritiers de feu François Laqueume.

(1) Dans la plaine voisine de Sabar, près Tarascon, et sur la rive droite de l'Ariège, se trouve une prairie qui porte le nom de *prat Lombart*. D'après M. A. Garrigou, *Notice sur Sabar*, ce nom lui aurait été donné à l'époque où Charlemagne, à la fin du huitième siècle, entreprenait son expédition contre les Sarrasins; les auxiliaires de l'empereur d'Occident, les Lombards du nord de l'Italie auraient campé sur cet emplacement.

Les deux autres tiers se divisent entre le sieur Malpertus,
curé de Tarascon, et le sieur Duvernis, curé de Ferrières,
en qualité d'obituaires des obits de Sainte - Cécile et
des Acoquats, fondés dans l'église de Saint-Michel de
Tarascon (1). Les consuls sont patrons de ces obits et ils
ont ouï-dire que les obituaires font d'albergue au roi :
Sainte-Cécile, 4 livres ; les Acoquats, 5 livres par an, et
le tiers appartient à la ville. La communauté a été con-
trainte, à l'époque des guerres passées, de donner sa portion en engagement au sieur Antoine Gaubert de Tarascon,
pour la somme de 2,400 livres.

Le moulin Dupas a été bâti de temps immémorial par
la communauté et certains particuliers, en conséquence
de l'acte de Gaston, comte de Foix, de 1308, dans lequel
il est dit, entre autres choses, que la ville pourra faire
construire tels autres moulins que bon lui semblera pour
son service, moyennant la somme de 1,000 livres ; 500 livres par la communauté et 500 livres par Peyre Arnaud
de Castelverdun, nommé dans la concession ; somme qui
fut payée et sous la réserve à venir de la troisième partie
en faveur du seigneur comte. Défense fut faite à tout autre
particulier de bâtir un moulin dans les limites fixées dans
l'acte. Au mépris de cela, Jean Baure et feu Charles Laqueume firent construire depuis l'an 1643, un autre moulin dans les limites prohibées, près le moulin du Faubourg
et sur la même rivière de Vic-de-Sos. Ce moulin a porté
un sérieux préjudice aux deux autres sur lesquels Sa Majesté a des droits ; et les consuls ignorent en vertu de
quel titre ces particuliers ont fait bâtir ce moulin et en
jouissent. Pour ce motif, la communauté introduisit une
instance devant le sénéchal ; mais elle fut obligée d'aban-
donner la poursuite, ne pouvant subvenir aux frais. Les
consuls établissent les meuniers aux deux moulins et
reçoivent leur serment ; le droit de mouture se prend de
24 mesures une, suivant la coutume.

(1) L'église de Saint-Michel est aujourd'hui détruite ; il ne subsiste que
le clocher, carré, percé de fenêtres ogivales et paraissant remonter au quinzième siècle. L'église se trouvait au centre du cimetière où l'on a découvert des sépultures de l'époque mérovingienne.

Leude. Bannage. — Le roi prend la leude sur les marchandises et denrées que les étrangers vendent et achètent
dans la ville : 3 deniers pour chaque charge de grain, de
quelque espèce qu'il soit ; 3 deniers, pour une charge de
fer ; 10 sols, pour une charge de cordellats (1) ; 10 deniers
de chaque quintal de laine ; 1 livre d'huile par quintal
d'huile ; 2 sols de chaque bœuf ou vache ; 6 sols 6 deniers
par quintal de morue ou congre ; 4 par cent sardes ou
saurects (2) ; 4, par cent têtes d'ail ; autant pour les oranges ; 1 denier par cappe ou bonnet ; 1 denier par charge
de vin ; 10 deniers pour chaque cuir de bœuf ou vache en
poil. Les marchands qui étalent leurs marchandises pendant les trois jours de foire, payent 1 denier chacun par
jour, suivant les tarifs qui sont entre les mains des fermiers. Sa Majesté afferme tous ces droits avec les lods et
ventes des biens mouvants de sa directe, sous le titre de
bailliage, pour la somme de 560 livres.

Ponts. — La communauté jouit de temps immémorial
du droit de pontanage sur les deux ponts de bois sur
l'Ariège, dits, le grand pont de la ville qui la sépare du
faubourg, et l'autre le pont d'Alliat. Pour le grand pont,
la communauté prélève de la vallée de Vic-de-Sos, 36 sols
par an et une mesure de seigle par famille ayant bêtes
de bât ou de voiture ; moitié moins pour celles qui n'en
ont point, et cela, depuis et y compris le lieu de Montoulieu, consulat de Foix, jusqu'au lieu appelé le Feich de
Gueites (3), entre Saurat et Massat ; de là al pas de Sabar,
jusqu'au lieu dit le pas d'Artiech, au-dessus de Siguer et
y compris Saurat et tous les autres lieux situés dans ces
limites. La communauté prend 1 denier 1/2 de ceux qui
ne sont pas dans ces enclaves, pour chaque bête de bât,
bœuf ou vache ; et 1 sol 6 deniers pour chaque cent brebis ou moutons qui passent sur le pont. Le tout est affermé
130 ou 140 livres par an. En outre, la communauté prend

(1) Le *cordellat* était une sorte d'étoffe de laine grossière.
(2) Les *sardes* sont les sardines, et les *saurects*, les harengs-saurs.
(3) C'est peut-être *Pech de Gueyles* qu'il faudrait lire ; *gueyles*, de *guey-
lum*, « guet. » Il devrait se trouver, sur ce sommet, une tour qui servait à
faire le guet.

pour ce même pont 30 livres de la vallée de Siguer et 36 livres des lieux de Rabat et Gourbit. Pour l'autre pont, la ville prend demi mesure de seigle par famille, de tous les lieux situés au-dessus du pont jusqu'à l'Hospitale, y compris la ville d'Ax, les lieux de Prades, Montaillou et Miglos, dont les droits sont affermés 109 et 110 livres par an ; — en outre, la somme de 50 livres payée par les habitants de la baronnie de Château-Verdun, et 21 livres par ceux de la baronnie de Miglos. La communauté est obligée de réparer les ponts ; elle emploie à cela tous ses revenus et au delà. La rivière, qui est fort rapide et qui déborde presque tous les ans à cause des nèiges des montagnes, emporte souvent les ponts. La dépense pour les faire reconstruire est fort grande et extraordinaire, en sorte qu'ils sont plutôt à charge qu'à profit pour la ville.

Biens de mainmorte. — Il y a cinq ou six pièces de terre possédées par quelques prêtres étrangers, à titre d'obits et qui sont inscrits à la taille.

Poids et mesures. — On se sert de seterée, laquelle est composée de huit mesures, et la mesure de quatre boisseaux. La mesure du vin est nommée un cire (1), composée de huit pintes, chaque pinte de quatre uchaux. On se sert de la canne qui est de huit pans. La livre est de 16 onces.

Foires et marchés. — Il y a trois marchés par semaine, les lundi, mercredi et vendredi, et deux foires par an : le 8 mai et le 29 septembre. Elles durent chacune trois jours (2) ; pendant ce temps, on ne peut faire arrêter ni saisir les personnes ni les marchaudises des marchands étrangers.

Les habitants ont la faculté de chasser et pêcher; d'avoir des pigeonniers, des garennes et des viviers.

Il y a un officier en titre qui fait la visite des chemins.

(1) Le cire est une mesure de capacité très ancienne qui servait principalement pour le vin; sa contenance serait aujourd'hui, de 18 litres 3/4.

(2) Les foires de Tarascon, très renommées, sont aujourd'hui les 4 janvier, 3 février, 9 mars, 8 avril, 8 mai, 15 juillet, 30 *septembre;* 13 novembre et 5 décembre. Il est à remarquer que les foires des 8 mai et 30 septembre durent trois jours, comme autrefois.

Secrétaire. — Le conseil politique nomme le secré-taire.

Garde. — En temps de guerre, la garde est faite par les habitants de la ville et ceux des villages de la juridiction, commandés par les consuls.

Portes. — La communauté commet les portiers et les paye.

Les consuls ont le droit de défendre aux étrangers et revendeurs, d'acheter sur les marchés avant 10 heures.

Maison de ville. — Il y a une maison de ville où se tiennent les assemblées; elle fait un sol de censive au roi. Il y a en outre une maison presbytérale qui paye 1 denier de censive; un hôpital avec deux petits jardins qui paye la censive aux religieux de Boulbonne.

Les consuls ont le droit d'interdire l'entrée du vin et de la vendange, recueillis en dehors du taillable du consulat, pendant trois mois de l'année.

La communauté prélève un droit d'un denier par mesure des grains vendus par les étrangers dans les marchés de la ville. Ce droit s'afferme 50 ou 60 livres par an en faveur des églises Notre-Dame de la Daurade et Saint-Michel; elles n'ont point d'autre revenu affecté.

Mazels. — Il y a deux boucheries, une de bonne et l'autre de mauvaise chair. Sur ces boucheries, de même que sur les pourceaux vendus au détail, sur le sel, huile, vin, aix et autres denrées qui entrent et se débitent dans la ville, la communauté prend un certain petit droit appelé d'aide, qui est employé aux réparations des murailles, tours, portes, fontaines et autres charges municipales ordinaires et extraordinaires. A ce sujet, feu M. d'Epernon, en qualité d'engagiste du domaine du roi, y prétendait quelque droit et introduisit une instance devant MM. des requêtes de Toulouse contre la communauté. Celle-ci en fut déchargée par jugement contradictoire, auquel il aquiesça.

En vertu d'anciens titres et concessions des comtes de Foix, les habitants de la ville et du lieu d'Ussat, comme ne faisant qu'un seul corps, sont exempts de payer tous droits de leude et péage, gabelle, poids et mesures et au-

tres dans l'étendue du comté de Foix, à l'exception de 6
livres qu'ils doivent payer à la ville de Foix pour droit
de leude appartenant à l'abbé de Foix.

Les consuls de Tarascon ont dit ensuite qu'ils n'avaient
rien à ajouter à leurs déclarations.

VARILHES (1).

L'an 1672 et le 11 novembre, dans la ville de Pamiers;
par devant M° P. Darassus..., ont comparu les sieurs
François Carbon bourgeois et Pierre Daspect, consuls de
Varilhes, agissant pour toute la communauté, en vertu
de la délibération du même jour.

Déclarations des consuls :

Etendue du consulat. — La ville de Varilhes est chef de
châtellenie, régie par le droit écrit, et a conservé, de temps
immémorial, les privilèges du franc alleu. L'étendue du
consulat est d'une demi-lieue de long et d'un quart de
large. La juridiction confronte de levant, les terres de
Coussa et Saint-Félix (2); midi, la seigneurie de Dalou;
couchant, le bailliage de Laterrasse et les terres de Crampagna; aquilon, les terres de Rieux, Pamiers et Verniolle. La ville est entourée de murailles où il y a quatre
portes dites : la porte Falxe; la porte de Madame; la
porte d'Amont et celle du Pont. Il y a une tour aux portes d'Amont et de Madame; et des guérites en divers en-

---

(1) Varilhes, 1,670 habitants, chef-lieu de canton de l'arrond. de Pamiers.
— La châtellenie de Varilhes comprenait, au quinzième siècle : Montaût,
Escosse, Rieux de Peleport, Crampagna, Verniolle, Las Rives et Laterrasse. S'il faut en croire les vieilles chroniques, c'est près de Varilhes que
fut décapité saint Volusien, évêque de Tours, par ordre du roi Alaric [La
Perrière, *Annales de Foix*]. Pendant l'hérésie albigeoise, Simon de Montfort occupa le château de Varilhes, qui fut repris par Roger Bernard de
Foix, et où fut tué Guy de Montfort, frère du chef de la croisade. — Le
château fut rasé, le 27 janvier 1612, par ordre du maréchal de Montluc,
gouverneur du pays de Foix.

(2) Coussa, comm. de 250 habitants; Saint-Félix-de-Rieutort, comm. de
200 habitants, du canton de Varilhes.

droits des murailles, qui sont en mauvais état à cause de la pauvreté de la communauté. Il y a des fossés au levant, midi et couchant ; la rivière de l'Ariège passe sous les murailles du côté d'aquilon. Il y a aussi deux faubourgs au levant et au couchant, dits d'Amont et d'Avail.

Seigneurie. — Le roi est seigneur justicier haut, moyen et bas, foncier et direct dans la ville et le consulat. Les seigneurs de Dalou, de Las Rives et de Goulhard ont certaines directes séparées dans la ville et le consulat ; on ne sait en quoi elles consistent.

Justice. — La justice est exercée au nom de Sa Majesté par quatre consuls qui sont capitaines châtelains et gouverneurs de la ville et juridiction. Cette charge a été incorporée à celles des consuls pour être exercée avec toutes ses prérogatives exprimées dans les lettres patentes accordées aux consuls par Sa Majesté, en date du 9 octobre 1651, auxquelles est attaché l'arrêt du parlement de Toulouse, portant enregistrement de ces lettres. Les consuls sont assistés d'un assesseur nommé par le conseil de la communauté. Il y a un substitut du procureur du roi. Pour la justice criminelle ils sont en concurrence avec le sénéchal, dans la ville et tout le consulat ; pour la civile, ils sont compétents jusqu'à la somme de trois livres, suivant l'ordonnance. Les consuls ont la police et le droit de connaître des abus et de prononcer des amendes.

Consuls. — Il y a quatre consuls au lieu de Varilhes ; ils ont le droit de porter la robe et le chaperon rouge et noir en drap honnête (1), comme les autres villes de Tarascon, Foix, Pamiers, du comté de Foix. Les consuls, en même temps qu'un syndic, sont créés tous les ans, le matin de la Toussaint, par le conseil politique composé de vingt quatre membres. Les consuls sortant vont à la croix de las Rives, au delà de la rivière, et là, proclament aux habitants de la ville, les noms des nouveaux consuls. Le lendemain de la Toussaint, devant l'église paroissiale Notre-Dame de Varilhes, les nouveaux consuls sont reçus et prêtent serment entre les mains du premier consul

---

(1) Drap honnête, c'est-à-dire : drap de qualité supérieure.

sortant. Chaque année, le 11 novembre, les consuls font assembler le conseil politique de la ville qui a la faculté de nommer deux juges de police, plus deux marguilliers du grand autel de l'église, des bassiniers qui sont : Notre-Dame, le Purgatoire et Saint-Roch ; deux bailes et administrateurs de la Maison-Dieu.

Greffe. — Le greffe civil et criminel de la ville appartient à Sa Majesté, il est possédé maintenant par les héritiers Buffes, moyennant une livre, 7 sols d'albergue ; le sceau est aux mêmes héritiers. Les consuls se servent aussi d'un autre sceau sur lequel sont gravées les armes de la ville (1), pour sceller les passeports, certificats et ordonnances de police.

Sergent. — Pour exploiter les actes de justice, les consuls se servent d'un sergent auquel ils donnent des gages.

Prisons. — Il n'y a d'autres prisons que la maison commune ; les consuls n'en retirent que le droit d'entrée et de sortie des prisonniers, en qualité de gouverneurs.

Lods et ventes. — Le droit de lods et ventes se paye au denier douze, et moitié moins pour les échanges.

Confiscation. — En cas de crime et condamnation, la confiscation appartient au roi.

Château. — Il y avait un château qui a été démoli par ordre de Sa Majesté en 1613, l'emplacement en a été donné à fief à Laurens Caralp de Foix, par la chambre des comptes de Pau.

Pâturages. — La communauté possède le pâturage ou Pech de Varilhes, contenant cinquante seterées environ, plus un rivage sous la vigne de la Grausse, contenant environ douze seterées. Les habitants ont la faculté d'y faire paître les bestiaux ; pour cela, ils payent annuellement aux fermiers du domaine de Sa Majesté, 12 livres d'albergue. La communauté possède de plus la place publique, contenant 4 mesures environ, et une petite place de deux mesures de terre, dite l'Oratory, où il y a une croix sous un couvert.

Banalité. — Il y a dans la ville un four banal apparte-

(1) Les armoiries de Varilhes sont d'argent, à deux fasces de vair.

nant au roi, auquel tous les habitants sont obligés de faire cuire leur pain et d'en payer, de vingt, un. Ceux qui ne le peuvent pas payent chaque année, une mesure de blé, seigle ou millet, pour chaque personne ayant atteint l'âge de sept ans. Le four avec le bailliage et droits de censive et lods est affermé 560 livres; les fermiers sont obligés de fournir le bois pour le chauffage. Il y avait autrefois un moulin banal, appartenant au roi et qui était situé sur l'Ariège, joignant les murailles du château où les habitants de Varilhes, Verniolle et Laterrasse devaient aller moudre leur grain. Il a été emporté par les inondations, et les habitants vont moudre leurs grains à Crampagna et aux lieux où il y a des moulins, et ils payent le droit de mouture.

Mazels. — Le roi prend aux boucheries les langues des bœufs et vaches qui s'y tuent. Le droit d'aide des bestiaux qui se vendent dans les boucheries appartient à la communauté, ce qui a été permis aux consuls par les comtes de Foix et par arrêt du conseil, afin de pourvoir à l'entretien des tours et murailles. Ce droit est affermé tous les ans environ 80 livres.

Pontanage. — La communauté prélève le droit de pontanage sur tous ceux qui traversent la ville, ce qui lui a été permis par les comtes de Foix, pour l'entretien des murailles et des ponts. Ce droit est affermé tous les ans 80 livres, ce qui n'est pas suffisant pour les réparations. Pour cela, la communauté paye 5 livres, 8 sols d'albergue, avec les 12 livres pour l'albergue des communaux tous les ans à la Toussaint, entre les mains des fermiers de Sa Majesté.

Fouage. — Les habitants payent au roi le fouage de sept en sept ans, à raison de 27 sols par feu (il y en a quarante dans la ville); plus la donation ordinaire de Sa Majesté. Moyennant quoi, ils sont exempts du droit de leude et péage dans tout le pays de Foix.

Il y a des foires et marchés dont ils ont joui de tout temps (1).

(1) Les foires de Varilhes se tiennent les 1er et 3e mardis de chaque mois.

10

Il n'y a qu'un pont de bois sur l'Ariège.

Les habitants ont la faculté d'avoir des pigeonniers, garennes et viviers ; de chasser le poil et la plume dans toute la juridiction. Les pêcheurs ont le droit de pêcher dans l'Ariège, à charge de porter le poisson sur la place et de le tenir en vente pendant une heure ; de vendre la livre de truite, 2 doubles ; la lauquette, 4 ardits (1) ; la grenouille, 4 toulsas, le barbeau, 4 ardits, en tout temps, excepté en carême où la livre de truite se vend 3 doubles et l'autre poisson 11 toulsas. Pour la conservation du poisson, il est interdit de pêcher dans l'Ariège avec des filets, depuis Saint-Garaud jusqu'à Saint-André (2). Il est aussi défendu de pêcher de toute façon, depuis le moulin jusqu'au gourg de Vals (3) ; cette plage est réservée pour la communauté, à peine de 60 gros.

Secrétaire. — Le secrétaire est nommé par le conseil de la communauté.

Garde. — En temps de guerre, le soin de garder la ville incombe aux consuls, capitaines châtelains et gouverneurs.

Portiers. — Le conseil commet les portiers et la communauté paye leurs gages.

Les consuls ont le droit d'empêcher aux hôtes de rien acheter avant que les habitants soient pourvus.

Maison de ville. — Il y a, aux murailles de la ville, une tour où est l'horloge et où se trouvent les prisons ; elle sert de maison commune pour tenir les assemblées du conseil.

Les consuls ont le droit d'interdire l'entrée du vin et de la vendange récoltés hors du taillable de la juridiction

---

(1) L'*ardit* est le liard. La *lauquette* est le petit poisson nommé la loche et dont les pêcheurs se servent comme amorce pour prendre les gros poissons de rivière.

(2) Saint-Garaud ou Saint-Géraud. Cette période allait du 13 octobre [St-Géraud] au 30 novembre [St-André].

(3) Au lieu de Vals, sur la rive gauche de l'Ariège et en face de Varilhes, se trouve une petite chapelle romane, dite chapelle N.-D. de Vals. *Gourg*, signifie, en patois, gouffre.

et de prendre, sur ceux qui vendent le vin au détail et l'ont acheté en gros, 6 pégas de vin par pipe (1).

Les consuls de Varilhes disent n'avoir pas d'autres déclarations à faire.

———

VERNAJOUL (2).

L'an 1674 et le 30 décembre après-midi, dans la ville de Foix, par devant M° P. Darassus...; ont comparu Bernard Boy et Jean Ville, marguilliers du lieu de Vernajoul, agissant en vertu de la délibération du conseil du lieu.

Etendue du lieu. — Vernajoul est chef de paroisse, dépendant du consulat de Foix, de la justice du roi et du seigneur abbé de Foix; elle est exercée par les consuls de Foix et le sénéchal. — La paroisse confronte de levant, la rivière de l'Ariège; midi, le consulat de Foix et le roc dit de Vernajoul; couchant, le consulat de Foix et les lieux de Cos et Baulou, septentrion, les lieux de Labouisse et Loubières. La paroisse a un demi-quart de lieue carrée.

Secrétaire. — Les délibérations du conseil sont retenues par un notaire.

Baile. — Il y a un baile établi par les consuls de Foix.

Lods et ventes. — Les habitants payent le droit de lods et ventes au denier douze, au seigneur de Vernajoul.

Pour l'épanchement du sang, l'amende se paye comme à Foix.

Confiscation. — En cas de crime et condamnation, la confiscation appartient au roi; ils ne savent si le seigneur de Vernajoul y a quelque droit.

---

(1) Le *péga* est une mesure vinaire du Toulousain : *quæ octo sextarios parisienses continet*, dit Ducange.

(2) Vernajoul, comm. de 170 habitants, canton de Foix.

Banalité. — Il y a un moulin qui appartient au seigneur de Vernajoul.

Les marguilliers de Vernajoul disent ensuite avoir achevé leurs déclarations.

VERNIOLLE (1).

L'an 1672 et le 7 novembre, dans la ville de Pamiers, par devant M° P. Darassus...; ont comparu les sieurs Raymond Laffont et Pierre Barrau, consuls de Verniolle, députés de la communauté, en vertu de la délibération du 6 novembre.

Après avoir prêté serment, les consuls ont déclaré ce qui suit :

Etendue du consulat. — Verniolle est un village du comté de Foix, qui a droit d'entrée aux Etats du Pays de Foix. Son étendue est d'un quart de lieue de long et autant de large. — La juridiction confronte de levant, les terres du seigneur de Mirepoix ; midi, les terres de Varilhes ; couchant, les terres de Pamiers ; aquilon, les terres des Allemans.

Seigneurie. — Le roi est seul seigneur justicier haut, moyen et bas, sans coseigneur.

Justice. — La justice est exercée par les consuls, la civile jusqu'à 3 livres et la criminelle, par concurrence avec le sénéchal de Pamiers.

Consuls. — Il y a deux consuls qui sont chaperonnés ; ils sont créés par le conseil politique, assisté du procureur du roi du lieu de Verniolle. Le serment est reçu par les consuls sortant, en présence du procureur du roi et du conseil politique.

Secrétaire. — Le secrétaire qui retient les délibérations sert de greffier ; il n'y a pas de sceau.

(1) Verniolle, comm. de 1,210 habitants, canton de Varilhes, faisait autrefois partie de cette châtellenie.

Baile. — Il y a un baile pour exploiter les actes de justice.

Albergue. Fouage. — Le roi prend annuellement 6 livres d'albergue; 7 livres de sept en sept ans pour le fouage. — Les habitants payent aussi le don gratuit au roi, qui est de 62 livres par an; les tailles ordinaires et extraordinaires, selon la mande que leur adresse le trésorier du Pays. On paye aussi de temps en temps le franc fief (1), suivant la taxe de Sa Majesté pour les biens possédés par la communauté.

Confiscation. — En cas de crime et condamnation, la confiscation appartient au roi.

Bois et forêts. — La communauté possède un bois nommé l'Alber..., où il y a environ deux cents arbres de haute-futaie et le reste en brougues, et contenant environ cent cinquante seterées.

Banalité. — Tout habitant a la faculté d'avoir un four chez lui. Dans la juridiction, il y a deux moulins; les habitants ne sont pas tenus d'y faire moudre leurs grains; l'un, appartient à M. d'Ornolac et l'autre, à M. de Fontaines.

Gentilshommes. — Il y a dans la juridiction cinq gentilshommes qui n'ont aucun bien noble dans le consulat et n'ont pas le pas sur les consuls. Ce sont : MM. le baron d'Ornolac, de Las Rives, de Fontaines, de Foucault et de Fiches. — Le chapitre de Pamiers possède dans la juridiction la moitié de la métairie dite de Rominguière (2), pour la nobilité de laquelle, le chapitre et la communauté sont en procès.

Les consuls font la visite des chemins.

Secrétaire. — Il y a un secrétaire commis par les consuls.

Garde. — En temps de guerre, les habitants défendent le village, sous le commandement des consuls.

Maison de ville. — Il n'y a point de maison commune;

(1) C'était un droit auquel était soumis un bien, quoique noble, possédé par un roturier.

(2) La métairie de la Rominguière [*de la Ronce*], se trouve dans la commune des Allemans, près de la route de Pamiers, à Mirepoix.

les assemblées se tiennent dans une maison particulière.

Les habitants ont le droit de chasser et de pêcher; d'avoir des pigeonniers, des garennes et des viviers.

Les consuls déclarent n'avoir plus rien à ajouter.

VIC-DE-SOS (1).

L'an 1672 et le 10 mars, dans la ville de Tarascon, par devant MM^{es} Pierre Darassus et Jean Bastard... ont comparu les sieurs Joseph Barbe et Jean Mallaurens, consuls de la vallée de Vic-de-Sos, agissant en vertu de la délibération du conseil du 6 mars.

Les consuls ont fait les déclarations suivantes :

Etendue du lieu. — Vic-de-Sos est chef de châtellenie. Ses limites sont : au levant, le roc de Romenenc, où a été autrefois fixée une croix de bois faite à pointe de pique; au delà du pont de la Ramade; touchant les terres de Siguer et Junac; midi, les terres de la vallée d'Andorre; couchant, celles de Bacherrer, pays de Catalogne; aquilon, les terres et forêts de Massat, Rabat et lieu de Lapège.

Seigneurie. — Le roi est seul seigneur foncier, haut, moyen et bas justicier. Les seigneurs de Rabat, Junac et Arignac, prétendent avoir quelque directe.

Justice. — Les consuls exercent, au nom du roi, la justice civile et criminelle avec un assesseur; les appels vont au parlement. Ils jouissent de ces privilèges, en vertu de la concession faite par le comte de Foix, Roger-Bernard en 1272. Les consuls ont toujours fait leur dénombrement et hommage à M. de Caulet, commissaire, en 1612, et à M. de Doat, en 1667. Il y a, en outre, un procureur du roi assesseur. Les consuls ont toute la police de la vallée.

(1) Vic-de-Sos, 800 habitants, chef-lieu de canton de l'arrond. de Foix; ancien *Vicus Soliatium.*

Consuls. — Il y a quatre consuls, créés par vingt-quatre électeurs nommés par vingt-quatre conseillers politiques. Le premier consul prête serment entre les mains de l'ancien premier consul; il le reçoit ensuite de ses collègues. — Il n'y a pas de sceau, et le greffe appartient au roi.

Baile. — Il y a un sergent créé par les consuls et qui exécute les actes de justice. Il y a aussi un baile institué par les fermiers du domaine; il a le pas après les consuls. Il assiste aux exécutions judiciaires et a le droit de porter l'épée comme marque de son office.

Prison. — Il n'y a pas de prison; quand il y a un prisonnier pour le civil, le baile en a la garde; pour le criminel, les consuls doivent le garder.

Saisies-exécutions. Lods et ventes. — Le baile qui assiste aux exécutions faites par le sergent, prend 15 sols sur chacune d'elles pour son droit qu'il afferme au roi. Les habitants sont exempts de tous droits de lods et ventes; censives, bladage, depuis l'an 1332, privilèges confirmés par les roi Henri IV, Louis XIII et par Sa Majesté régnant.

Le baile du roi prend 24 sols pour l'épanchement du sang.

Confiscation. — Les confiscations appartiennent au roi, après avoir payé les frais de justice.

Château. — Il y avait autrefois un château dans la vallée, au lieu d'Olbier, appelé Montréal (1), et dont il reste encore les masures. Un autre à Vic-de-Sos, dit le Fort et démoli depuis longtemps.

Eaux et forêts. — Les forêts et les eaux de la vallée appartiennent en propre aux habitants par donation du comte de Foix, en 1272.

Pâturages. — Toutes les montagnes de la vallée appartiennent aux habitants en vertu de leurs privilèges. Ils possèdent les communaux appelés : Camp senes, Saint-

(1) Olbier et Goulier forment une commune de 1,110 habitants, canton de Vic-de-Sos. Les restes du château de Montréal, près des frontières de Pailhars et d'Andorre, se montrent encore sur les flancs de la montagne.

Estebé, Pougaux, Lairoulle, le grabié de Cabré, les grabiers de Sausel (1) et Vic-de-Sos. — Il est vrai que la
reine se réserve le droit de faire paître dans les montagnes deux mille bêtes à laine pour ses épingles.

Banalité. — Il n'y a pas de four banal; chacun a le
droit d'en avoir chez lui. Les forges et moulins de la vallée appartiennent à des particuliers, sans payer aucune
redevance au roi. Les privilèges, les terres, les eaux et
forêts furent donnés aux habitants par les comtes de Foix,
pour exploiter et cultiver ce lieu inhabitable et couvert
de rochers, et aussi afin que les Espagnols ne vinssent
pas envahir la France de ce côté.

Moyennant la somme de 36 sols qu'ils payent annuellement, les habitants sont exempts de péage dans la ville
de Tarascon.

Les consuls, ayant entendu la lecture de leurs déclarations, ont dit ensuite n'avoir plus rien à faire connaître
aux commissaires.

---

(1) Les *grabiers* sont probablement les graviers du pic de Crabie et de
Sauzel. — Sauzel est un petit hameau perdu dans la montagne et de la
commune d'Auzat.

TABLE

B

C

D

G

H

I

J

L

M

T

TABLE GÉNÉRALE DES MATIÈRES

TOULOUSE. — IMP. A. CHAUVIN ET FILS, RUE DES SALENQUES, 28.

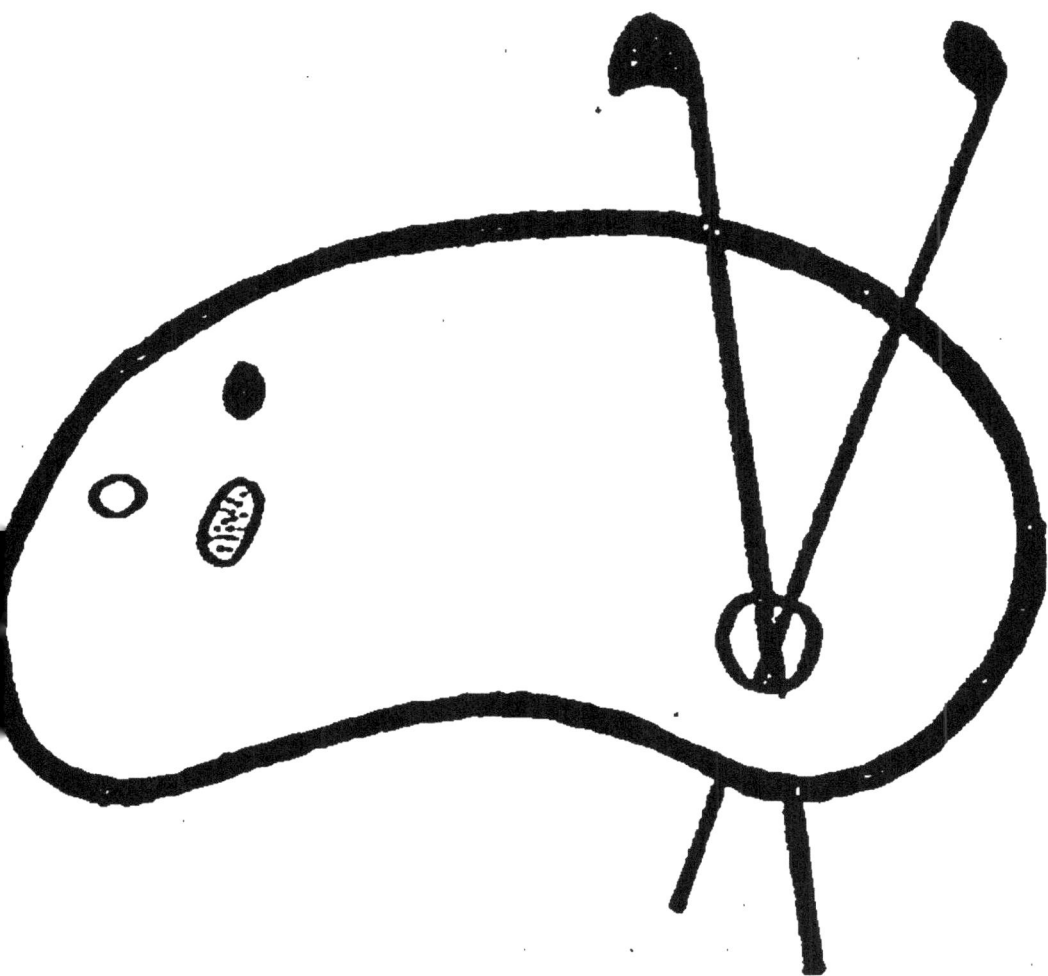

ORIGINAL EN COULEUR
NF Z 43-120-8

www.ingramcontent.com/pod-product-compliance
Lightning Source LLC
Chambersburg PA
CBHW070303290326
41930CB00040B/1891